日本古代史紀行

アキツシマの夢
英傑たちの系譜

恵美嘉樹 著

ウェッジ

日本古代史紀行

アキツシマの夢　英傑たちの系譜

はじめに

これからみなさんを「日本古代史紀行」へとご招待いたします。

古代史を彩る有名・無名の人物をとりあげ、さまざまな事件の謎を解明する「ミステリー・ツアー」です。

新聞やテレビでは、毎日のように歴史にまつわるニュースが流れ、発掘された遺跡や有名な寺社には多くの人々が訪れます。なかでも古代史に関連するニュースはマスコミで大きく取り上げられ、私たちを魅了します。

もっとも、報道やインターネットなどで入手できる情報は、ごくごく一部にすぎません。資料を読み解き、最新の論文をひもとき、さらには歴史の舞台となった現地を訪れることこそ、真実に近づく一番の近道にちがいない――筆者はこう考えています。

古代史の舞台といえば、奈良や京都など関西地方が中心と考えがちですが、必ずしもそうではありません。

たとえば、聖徳太子は愛媛県へ行ったとの記録があります。斉明天皇は軍隊を率いて九州へと向かいました。そして関東の古墳に眠る大王の親衛隊長の存在――。

詳細は本書をご覧いただきたいと思いますが、本書で取り上げた古代史の舞台は、北は北海道から、南は九州まで、全国にわたります。

本書のタイトルにある「アキツシマ」とは、「秋津島」と書いて日本列島のことを意味します。『古事記』や『日本書紀』など古代の歴史書に見える名称です。また、「アキツ」はトンボの別名です。本書でも取り上げる雄略天皇が、吉野で狩りをした折に、腕をアブにかまれたものの、そのアブをトンボがくわえて去ったことから、天皇が感心した様子が『古事記』に記されており、古代に大変ゆかりの深い昆虫でもあります。タイトルとしたのは、日本全国の各地を取材して執筆した本書にふさわしいと考えたからです。

たとえば、こんな研究があります。大阪府にあり世界文化遺産の登録を目指している大仙《だいせん》古墳（伝・仁徳天皇陵）は、全長四八六メートルもある巨大な古墳です。のべ一五万七〇〇〇人もの労働力が動員されたともいわれていますが、実際どれほど大きいのかを実感するためには、現地を訪れ、古墳を一周し、肌で感じることがなにより大切と考えています。みなさんにも同じような喜びを味わってもらいたいと考え、各項目に「歴史の舞台を訪ねて」という簡単なガイドをつけました。

それにしても、私たちはどうして古代史に魅了されるのでしょうか。もちろん日本人のオリジンを探究できることが理由の一つです。そして別の大きな理由として、たった一つの発見・解釈により、それまでの常識が覆されてしまうことがある、ということではないでしょうか。

わずかな手がかりから、たとえ専門家でなくとも、自分なりに推理し、意見することができるのも、大きな魅力です。

日本に住む人、日本の歴史と文化を愛する人ならばこの知的なゲームの主人公になれるのです。

ご存じのとおり、歴史研究にはこれまで先人たちのぼう大な研究成果・知見があり、現在も新たな発見をもとめて数多くの人びとの努力が続けられています。

本書では、弥生時代から平安時代まで、およそ一二〇〇年間の、今なお私たちを魅了してやまない古代史を彩った人物や出来事にスポットをあて、謎にみちたさまざまな難問にチャレンジしました。読者のみなさんと一緒に旅をして謎を解くように、歴史書をひもとき、さまざまな論文や発掘成果を調べ、古代の人々が生きたであろう現地を歩きました。そのようなわけで本文中の地図は現代の地図を掲載しています。

もちろん、筆者の見解は一つの可能性にすぎません。古代への旅に同行してくれた読者のみなさんが、本書をきっかけに古代史の世界により関心をもっていただき、現地を訪れていただければ、より優れた推理に到達することもあるでしょう。これこそ、古代史の醍醐味です。

さあ、いよいよ旅の準備が整いました。古代史を彩った偉人、名脇役との出会いが、実りあるひとときになることを切に願っています。

恵美嘉樹

日本古代史紀行――アキツシマの夢　英傑たちの系譜　◎　目次

装丁　奥冨佳津枝
挿画　浅見ハナ

一 女王卑弥呼の真実

古代史上最大の謎といえる、邪馬台国。
いったい九州なのか、それとも近畿にあるのか。
中国使節が目撃した足跡をたどり、
行き着いたところとは——。

邪馬台国を目指して

「倭人は帯方《たいほう》の東南大海の中にあり、山島に依りて国邑《こくゆう》をなす。（中略）その国、本《もと》また男子を以て王となし、住《とど》まること七、八十年。倭国乱れ、相《あい》攻伐すること歴年、乃《すなわ》ち共に一女子を立てて王となす。名づけて卑弥呼《ひみこ》という」（「魏志倭人伝（1）」）

およそ一八〇〇年前の日本列島に女王、卑弥呼が現れた。中国では三国志の時代である。三国の一つ、魏が派遣した使節はたしかに彼女に会っている。にもかかわらず、これまで多くの歴史家が卑弥呼の居場所を探してきたが、依然としてこれだという定説はない。

当時の魏の使節が通った道を再現しながら、古代史上最大のなぞを解明する旅に出てみよう。

はたして卑弥呼は再び、我々の目の前に姿を現してくれるだろうか。

中国の使節は、飛鳥時代の遣隋使と同様に、朝鮮半島の西海岸を伝い、対馬《つしま》と壱岐《いき》を経由して九州へと上陸する「海の道」をたどった。

日本への玄関口である対馬の様子を、魏志倭人伝は「山は険しく、森林も深い」と書き残している。九割近くが山間部である対馬は、海上から見ると、まるで鉄壁に囲まれた要塞のようだ。

万葉集で歌われた対馬の枕詞は「あり根よし」。どっしりと海原に根付いた島は、航海者たちに安心を与えたことだろう。

対馬からジェットフォイルで約一時間。次の経由地の壱岐（魏志倭人伝では「一支」）

朝鮮半島と北九州

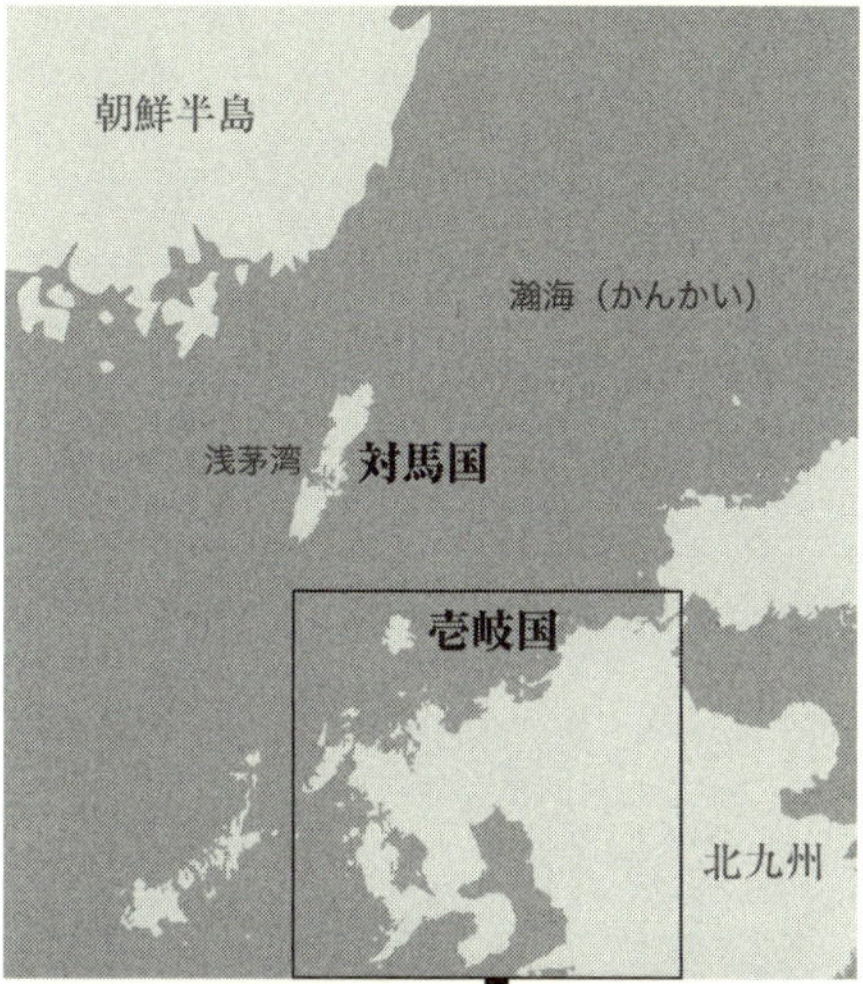

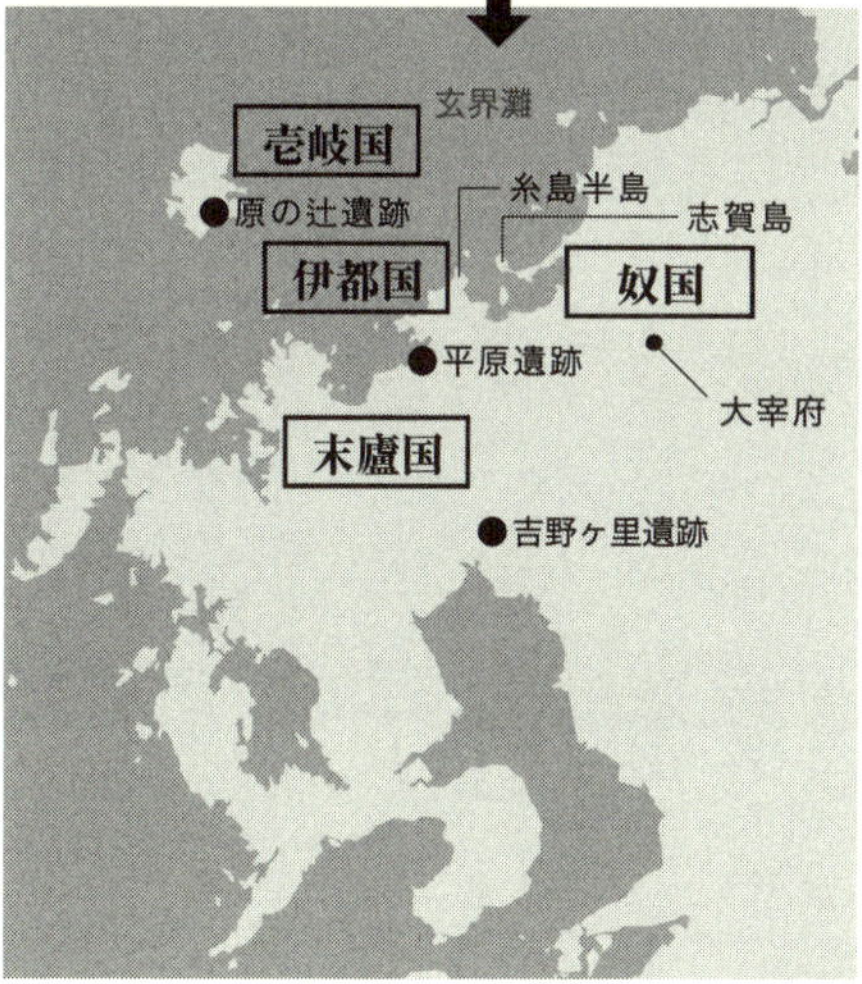

古代の九州北部の国々

原の辻遺跡で発見された東アジア最古の船着き場跡。写真：長崎県教育委員会

は一転して違う表情を見せる。それは水平線に浮かぶ、まるで薄いせんべいのような平たい物体だ。波が高いと島だとは気がつかないほどである。

近年、壱岐では弥生時代の考古学上の発見が相次いでおり、今最も注目されている歴史スポットだ。壱岐国王が居を構え、祈りを捧げていた場所が一九九三年から行われている発掘調査で判明した。島の東南部にある原《はる》の辻遺跡である。

なぜこの原の辻遺跡が王都に選ばれたのか。

魏志倭人伝は、対馬と異なり「竹林が多く、三〇〇〇の家があり、田地があった」とする。ただ、自給自足できるほどではなく、不足した分は交易で補われたともある。

この記載の正確さは、島に上陸すると実感できる。

遺跡は海沿いの丘に囲まれており、海上からの外来者に直接見られることもない。外敵への緊張感は、王の住む丘を巡る三重の環濠からも伝わってくる。しかも原の辻遺跡の周辺には島内随一の平地が広がっている。王都に選ぶとすれば、やはりここしかない。

遺跡からは、中国の植民都市・楽浪郡《らくろう》（現ピョンヤン周辺）で使われたものと同じ土器が大量に出土している。魏志倭人伝のもとになる情報を提供した使節以外にも、たくさんの外交官や商人が次々と壱岐を訪れたことだろう。

中でもこの遺跡を一躍有名にしたのが、三〇メートルもの幅をもつ「東アジア最古の船着き場跡」の発見である。弥生時代の中期の遺構だから、およそ二二〇〇年も前のものになる。

この遺構には、「敷粗朶《しきそだ》工法(2)」という驚くべき工法が取り入れられていた。現代でも使われる土木技術で、それまでの弥生時代の常識を覆す新発見だった。

こうした最新の研究成果をふまえて、当時の中国使節が壱岐国を来訪した様子を再現してみよう。

――対馬海峡をわたり壱岐の港にたどり着いた中国の使節はまず、小舟に乗り換えた。まだ壱岐国王のいる都は見えない。

川を上り壱岐の王都を目指す。約二キロ進むと、巨大な川港が迫ってきた。そこには使節を迎える人々が厳かに控えていた。

「倭の国もあなどれない」と心の中で驚きながら使節は船を降り、宮殿で壱岐国王に面会した。

その後、使節は王都に隣接する「市」を見学した。たくさんの食料や中国の器などが物々交換されている。驚いたことに、見慣れた中国の貨幣や秤を使って交易している店まであった。

この豊かな地を支配する壱岐国王は、倭の女王の指示を受けて、交易が円滑にいくように監督していた。「女王に会えるのも、もうすぐだ」――。

〝遷都〟した邪馬台国

悠久の壱岐を離れ、博多港に向かう。およそ一時間で、玄界灘に突き出た糸島半島が右手に見えてくる。反対を向けば、国宝の金印が発見されたことで有名な志賀島《しかのしま》の姿も。
魏志倭人伝は、末盧国《まつらこく》、伊都国《いとこく》、奴国《なこく》と玄界灘沿岸の諸国をあげる。これらは、西から唐津湾（佐賀県）、糸島半島（福岡県糸島市）、博多湾（福岡県福岡市）沿岸とされている。

　この三つの国の中で、最も強力だったのは、伊都国である。志賀島の金印「漢委奴国王」（漢の倭の奴国王と読むのが定説）をもらった奴国が有名だが、それは卑弥呼から二〇〇年近く前の西暦五七年の話。卑弥呼の時代には王墓が造られていないことから、奴国は衰退したと推測される。もっとも奴国だけでなく、末盧国など九州北部の王の権威は一様に弥生時代末には衰えてしまった。半島から来るモノや情報の独占状態が崩れたためである。このことは、やがて日本の中心が九州から近畿のヤマトへ移った一因ともなる。

平原遺跡出土の内行花文鏡（文化庁所管）。
写真：糸島市教育委員会

　そうした中でも綿々と王墓を築いた例外が、伊都国であった。伊都国があった地域の平原《ひらばる》遺跡からは、中国王朝が王と認めたものにしか渡さない四葉座形の金具や直径四六・五センチの鏡（内行花文鏡(3)・国宝）など、ほかを圧倒するものが出土している。こうした品々だけから判断すれば、「ここが卑弥呼の国だ」と断じたくなる。

だが、魏志倭人伝は「卑弥呼のいた女王国の北にある伊都国」と記述している。つまり、卑弥呼の居場所は伊都国ではない、ということになる。

実はこの「卑弥呼のいた女王国」が邪馬台国(4)と混同されたことこそ、卑弥呼や邪馬台国を巡る論争を今日まで引き伸ばし、混乱させてきた原因である。

魏志倭人伝によれば、卑弥呼は「倭の女王」（日本全体の王）や「女王国の王」と書いてあるが、「邪馬台国」という名前の国とはまったく関係がない。邪馬台国はどのように説明されているかというと、「女王の都するところ」である。つまり、卑弥呼は女王国の王であっても、邪馬台国の女王と明記されているわけではない(5)。

これはどういうことなのか。

「女王といえばやっぱり卑弥呼のことではないか」と思うかもしれない。しかし、魏志倭人伝が作られたのは、卑弥呼が死んでからおよそ半世紀後の、卑弥呼の二代後の倭王（つまり三代目の倭王）の「女王」壱与《いよ》(6)の時代なのだ。女王の都する邪馬台国の「女王」とは、正確には壱与のことを指す。

これまでの邪馬台国論争では、世代の違うこの二人を混同してきた。聖徳太子を摂政にした推古天皇と、大化の改新のクーデター時の皇極天皇を同じ「女王」だからと同一視するようなものだ。

古代の中国語では、「邪馬台」は「やまど」と発音したように、のちのヤマトであると解釈するのが自然だ。この時代の列島は弥生時代からヤマト王権の成立の過渡期であり、日本史上、幕末や終戦に匹敵するほど時代が大きく変化した瞬間だった。最大の変化は、日本の中心が九州北部から近畿の大和に移動、いわば「遷都」したといわれていることだ(7)。

卑弥呼は九州、邪馬台国は大和——このように考えることで、邪馬台国を巡る論争の矛盾の多くは解消できるのだ。

そして卑弥呼は

女王国は伊都国の南の方角にある。あと一歩で卑弥呼のもとにたどり着けるところまでやってきた。

だが、ここからが難しい。

九州北部で歴史的にもっとも重要とされた場所はどこかといえば、まちがいなく「大宰《だざい》府《ふ》」[8]周辺があげられる。古代では九州一帯の統治を任された絶大な権力をもつ役所である。ただ、伊都国があった場所からみれば、ほぼ東の方向になる。

古代、博多湾から大宰府方面へ二本の幹線道路が平行して走っていた。その二本の道路を断ち切るのが、高さ一三メートル、総延長一キロにわたる土塁の「水城《みずき》」だ。ここも壱岐同様に、海からは直接見えない安全上の配慮がなされている。

もっとも、この水城は卑弥呼の時代のものではない。飛鳥時代の六六三年、朝鮮半島の白村江《はくすきのえ》で、唐・新羅《しらぎ》の連合軍との戦い[9]に敗れた天智天皇が本土防衛のために築造させたものだ。

天智天皇は水城だけでなく、博多湾や大宰府を見下ろす標高四一〇メートルの四王寺山《しおうじやま》に石垣や土塁を巡らして山城「大野城《おおののき》」を築いた。

現在、ふもとの太宰府天満宮はいつでもにぎわっている。参道をそれて車で一五分ほど登り、途中で降りた。時折現れる土塁や石垣に圧倒されながら大野城跡を歩く。突然、南に視界が開け、古代には大宰府を擁する大都市だった盆地が広がっていた。

最近の考古学の成果によって、この水城や大宰府より南の地域で、吉野ヶ里遺跡（佐賀県吉野ヶ里町)、平塚川添遺跡(福岡県朝倉市)、市ノ上東屋敷遺跡(福岡県久留米市)など、魏志倭人伝には名前が載らない卑弥呼時代の国々の候補地が一五ほども見つかっている。

卑弥呼は、武力によって国々を征服したのではない。長年続いた戦争に疲れた多くの国の人々が、軍事面ではなく、「鬼道《きどう》」に優れた巫女(シャーマン)としてのカリスマに平和の望みをかけて共立した王だった。

であれば、女王国は考古学的に他を圧倒するような規模の国である必要はないはずだ。魏志倭人伝の記述を見ても、水城の南側に女王国があった可能性が高い。一五ほどの候補地の思いがけない風光明媚な場所から、魏の皇帝が授けた「親魏倭王」の金印が発見される日が近いかもしれない。

歴史の舞台を訪ねて

●**原の辻一支国(いきこく)王都復元公園**〔長崎県壱岐市芦辺町深江鶴亀触1092-5
問い合わせ:原の辻ガイダンス ☎0920(45)2065〕

●**壱岐市立一支国博物館**〔長崎県壱岐市芦辺町深江鶴亀触515-1 ☎0920(45)2731〕

●**月読(つきよみ)神社**〔長崎県壱岐市芦辺町国分東触464〕

延喜式内社。壱岐ではアマテラスをのぞき、神話に登場する数多くの神が神社にまつられている。

●**平原遺跡**〔福岡県糸島市有田1　平原歴史公園内〕
弥生時代後期の遺跡。内行花文鏡5点をはじめ合計40点の鏡が出土した。近くの糸島市立伊都国歴史博物館〔福岡県糸島市井原916　☎092（322）7083〕で出土品が見られる。

●**太宰府天満宮**〔福岡県太宰府市宰府4-7-1　☎092（922）8225（9-17時）〕
菅原道真をまつる全国にあるおよそ1万2千社の総本営。

●**春日市奴国の丘歴史資料館**〔福岡県春日市岡本3-57　☎092（501）1144〕
奴国の時代（弥生時代）を中心に、春日市内の各遺跡から出土した資料を常設展示。

〔注〕
（1）『三国志』のなかの「魏書」第30巻烏丸鮮卑東夷伝倭人条の略称で、魏の後継国・晋の陳寿（ちんじゅ）〔233〜297〕によって編纂された。劉備や曹操の活躍する『三国志演義』は陳寿の『三国志』をもとにして1000年以上の後世になって創作されたもの。魏志倭人伝は石原道博編訳『新訂魏志倭人伝他三篇 ― 中国正史日本伝（1）』（岩波文庫）で手軽に読める。
（2）木材をはりめぐらせて沈下を防ぎ基礎固めをする工法。川床の軟弱な地盤に築造されたために、大陸の最新技術を用いた工夫が施されていた。
（3）重さ8キロにもなる「内行花文鏡」は、伊都国王墓の最有力候補である平原遺跡から発見された。巨大鏡を三種の神器の一つ「八咫鏡（やたのかがみ）」として、この墓の主を『日本書紀』に登場するオオヒルメノムチ（アマテラスの異称）にあてる考えもある。

（4）『三国志』の魏志倭人伝や『後漢書』に記載された、3世紀頃の日本に存在したとされる国。

（5）西嶋定生『邪馬台国と倭国　古代日本と東アジア』（吉川弘文館）によって提唱された。

（6）生没年不詳。卑弥呼の没後、13歳でそのあとを継いだとされる女性。

（7）魏志倭人伝は、二つの世代の話に書き分けられている。倭国のトップに立った女王・卑弥呼の歴史と、卑弥呼の死後に、邪馬台国つまりヤマトの地で即位した女王壱与の時代である。時代が新しい「邪馬台国」が出てくる部分に卑弥呼の記述が一切ないのはそのためだ。

（8）古代、筑前（福岡県）におかれた地方統治機関。「遠の朝廷（とおのみかど）」と称された。

（9）白村江の戦い。663年、百済（くだら）から救援を求められた日本が唐・新羅（しらぎ）連合軍と戦い大敗した。

【参考文献】
宮崎貴夫『原の辻遺跡』（同成社）
西谷正『魏志倭人伝の考古学　邪馬台国への道』（学生社）
丸山雍成『邪馬台国　魏使が歩いた道』（吉川弘文館）
西嶋定生『邪馬台国と倭国　古代日本と東アジア』（吉川弘文館）
汪向栄『中国の研究者のみた邪馬台国』（同成社）
小田富士雄編『倭人伝の国々』（学生社）

二

邪馬台国はヤマトか

二世紀末頃に倭国（日本）を初めて〝統一〟した女王・卑弥呼。
日本初の女王は、中国の魏から
「親魏倭王」の金印をもらったが、
晩年、クナ国と戦争になり死亡したという。
その「倭国大乱」の原因とは何か――。

「魏志倭人伝」五〇年のずれ

魏志倭人伝とは、中国の公式の歴史書「正史」であり、その内容の信憑性は高いが、一方で「数ある情報をもとに編集した」ことを忘れてはいけない。

中国の正史にはルールがあって、その王朝が続いている間は史料を保存するだけで、まとめることはなかった。その王朝が滅んだ後になって初めて、それまで蓄えられた一次史料をもとに、前代の歴史書を作り上げていった。

王朝が続いている間に歴史書作りを始めると、どうしても現政権に都合の悪いことは書かないことになり、公平な歴史書を残せなくなる。そのため、内容の真実性は高い一方、当然ながら時間が空いてしまい、その間に史料が散逸するなどの恐れもある。

魏志倭人伝の場合はどうだろうか。

魏《ぎ》という国（二二〇～二六五年）は、『三国志』でも知られているように、曹操を祖とする国だが、三国を統一した後、すぐに司馬仲達（諸葛孔明のライバル）の子孫に事実上のクーデターで乗っ取られ、晋《しん》（二六五～三一六年）となる。

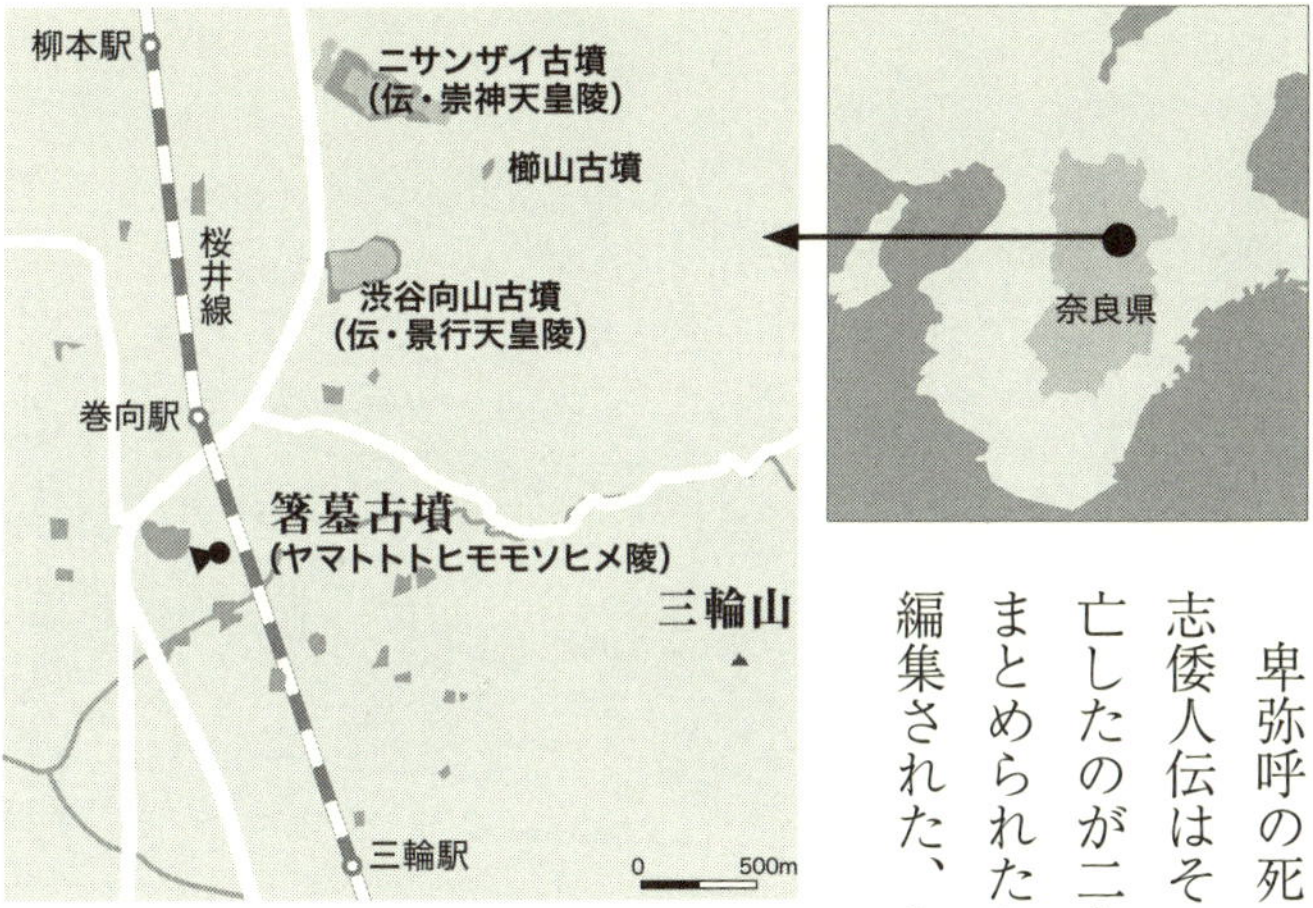

卑弥呼の死（二四七年頃）のおよそ二〇年後から、『三国志』（魏志倭人伝はその一部）の編集が始まり、編集を担当した陳寿《ちんじゅ》が死亡したのが二九七年なので、二六五〜二九七年の約三〇年の間にまとめられたことになる。つまり、卑弥呼の死から五〇年以内に編集された、ということだ。

現代からみると、千数百年前の「五〇年」なので、「ほぼ同じ時代のライブな史料」として、その内容を文字通りに読み取ってしまいがちだが、このことこそ邪馬台国のなぞを解けない大きな理由と筆者は考えている。

五〇年、という時間の長さを改めて考えてみよう。二〇一四年の五〇年前の一九六四年には、東京オリンピックがあった。インターネットもハイブリッドカーもなく、ロシアという国家はなくソビエト連邦の一部で、中国とは国交が回復されて

大和平野上空から纏向遺跡を望む。右奥にあるのが箸墓古墳、やや左後方に纏向山、三輪山が見える。写真：桜井市立埋蔵文化財センター

おらず、自由に海外旅行もできなかった時代だ。かように変革期の「五〇年」とはなかなかに長いものだ。古代であってもこの五〇年という時間のあいだにさまざまな変転が起こることは十分考えられる。

倭国大乱の原因とは

卑弥呼は日本列島で初めての統一王だ。ただ、豊臣秀吉や徳川家康のように武力で天下を統一したのではない。

弥生時代に最も貴重だったものは「鉄」である。基本的に日本では産出されず、海外（中国や朝鮮半島）からの輸入に頼るしかなかった。[1] この鉄の「輸入総代理店」の

座を巡って、伊都国や奴国、出雲や吉備など各地の王が争うようになったのが、魏志倭人伝に見える西暦一〇〇年代後半の「倭国大乱」である。

いつまでも日本代表の総代理店が決まらないことに業を煮やしたのだろう。輸出側の外交的な圧力もあって、西暦一八〇〜一九〇年頃に、各地の有力者から「共立」（擁立）されたのが卑弥呼であった。

彼女は話し合いで擁立されたのであって、武力で日本を統一したのではない。

卑弥呼は「鬼道」という一種の呪術を使う巫女だった。有力者たちにとっては、武力で一番の人間ではなく、宗教的なトップを担ぎ上げるほうが争いが少ないと考えたのだろう。

箸墓古墳はだれの墓か

こうして、卑弥呼が倭王になった。では、倭の都はどこにおいたのか。

邪馬台国論争で忘れられがちな古代日本の絶対的なルールがある。古代の日本では、天皇（大王）の代ごとに遷都するということだ。

日本史で数代に渡って同じ場所に天皇が住む「首都」が固定化されるのは、おおよそ奈良時代以降である。

そうすると初代の倭王・卑弥呼だけがこのルールから外れる理由はないだろう。もっとも、筆者は壱与の住んでいた都＝邪馬台国は、近年考古学ニュースをにぎわしている奈良県の纏向《まきむく》遺跡(2)が有力だろうと考えている。ただ、卑弥呼はそこにはいなかった、というだけである。

では、卑弥呼のいた都があった「女王国」はどこか。魏志倭人伝にはちゃんとヒントが書かれている。それは「墓には、棺はあるが、槨《かく》はない」という記述である。

槨というのは、棺のまわりに設けられた空間のこと(3)。九州の弥生時代末の墳丘墓には槨がないが、ヤマト王権初期の前方後円墳には槨がある。つまり、卑弥呼の時代の墓は、古墳時代よりも前のスタイルであり、卑弥呼が九州にいたと考えれば、つじつまが合うのだ。

奈良県のＪＲ桜井線・巻向《まきむく》駅で下りて、一〇分ほど田園と住宅地の間を歩く。目の前に鬱蒼とした巨大な森が現れる。箸墓《はしはか》古墳だ。

日本史上で最初期のものと位置づけられる超大型の前方後円墳。この古墳の出現をもって「古墳時代」の始まりとされている。皇女・ヤマトトトヒモモソヒメ(4)の墓と伝承されており、宮内庁が管理している。

箸墓古墳全景。古墳全体が豊かな緑に覆われている。写真：桜井市立埋蔵文化財センター

発掘が禁じられているため詳細は不明だが、昭和初期に作られた実測図や出土品などから、埋葬施設は「槨」がある竪穴式石槨であることは確実視されている。つまり、ここに卑弥呼はいないのだ。

女性が埋葬されている伝承や、周辺で発掘された古墳の発掘成果を素直に見れば、箸墓古墳は壱与の時代の可能性が高い。

卑弥呼が女王となった時は、日本の中心はまだ九州だったが、激動の五〇年の間に、政治の中心が九州から近畿（邪馬台国）へ移行したのだ。

この、明治維新に匹敵するような国の中心を動かす大事業を、いったいだれが実現したのか。

やはり、この巨大な墓に眠る「偉大な女帝」のリーダーシップなのであろうか。

そんな想いを抱いて森を眺めていると、すぐそばにある聖なる山・三輪山《みわやま》のほうから一陣の風が吹いてきた。三輪山の神はヤマトトトヒモモソヒメと結ばれた男神。(5)ふと、卑弥呼と壱与の間に、短期間だが倭王となった男王がいたことを思い出した。

彼の政治があまりに不評で引きずり下ろされて、まだ少女の壱与が擁立されたのではないか。その不評の因には、あまりにも強引な遷都があったのかもしれない――。

一瞬、消費税増税など、国民の反対を押して決断をし、短命に終わった首相の顔が思い浮かんだが、それを振り払って、もう少しハンサムな男性の顔をイメージしてみた。

歴史の舞台を訪ねて

●**箸墓古墳**〔奈良県桜井市箸中〕
日本史上で最初期の超大型の前方後円墳。この古墳が築造された時期が「古墳時代」の始まりとされている。

(注)
(1) 日本に鉄器が伝来したのは紀元前3世紀頃で、当初製鉄技術自体は日本にはなかった。国内で製

鉄が行われるようになったのは比較的新しく、最古の製鉄炉跡は6世紀のものだ。101ページ参照。

（2）奈良県桜井市・三輪山の北西一帯（巻向駅を中心に東西約2キロ、南北約1・5キロ）に点在する遺跡群。前方後円墳の発祥の地とされる。箸墓古墳を含む6つの古墳がある。発掘調査はこれまでに150回以上を数え、現在も継続中である。2009年の調査ではいくつかの祭祀用と考えられる建物跡が発見され、翌年には、古代の祭祀において供物として使われていた桃の種およそ2000個（1カ所での出土数は国内最多）が発見されている。

（3）棺全体を覆うように空間が設けられ、粘土槨、木槨、木炭槨、礫（れき）槨、石槨など異なる材質で造られた例がある。

（4）孝霊天皇の皇女。

（5）『日本書紀』崇神紀10年の条にある「箸墓伝説」。ヤマトトトヒモモソヒメは、三輪山の神であるオオモノヌシの妻となったが、オオモノヌシの本体が蛇であることを知って驚いて倒れ込んだところ、置いてあった箸が陰部に刺さって死んだという。

【参考文献】
西谷正『魏志倭人伝の考古学　邪馬台国への道』（学生社）
丸山雍成『邪馬台国　魏使が歩いた道』（吉川弘文館）
西嶋定生『邪馬台国と倭国　古代日本と東アジア』（吉川弘文館）
汪向栄『中国の研究者のみた邪馬台国』（同成社）
小田富士雄編『倭人伝の国々』（学生社）

三

神功皇后

―ヤマトを救った琵琶湖の女神

古墳時代、近江《おうみ》を本拠とする豪族から皇后となった姫がいた。
実在と伝説のはざまにいる神功《じんぐう》皇后である。
急逝した天皇に替わって臨月の身で朝鮮半島に出兵、
その後幼い皇子のために摂政として活躍した、と『日本書紀』は語る。
これは荒唐無稽な伝説なのか、それとも――。

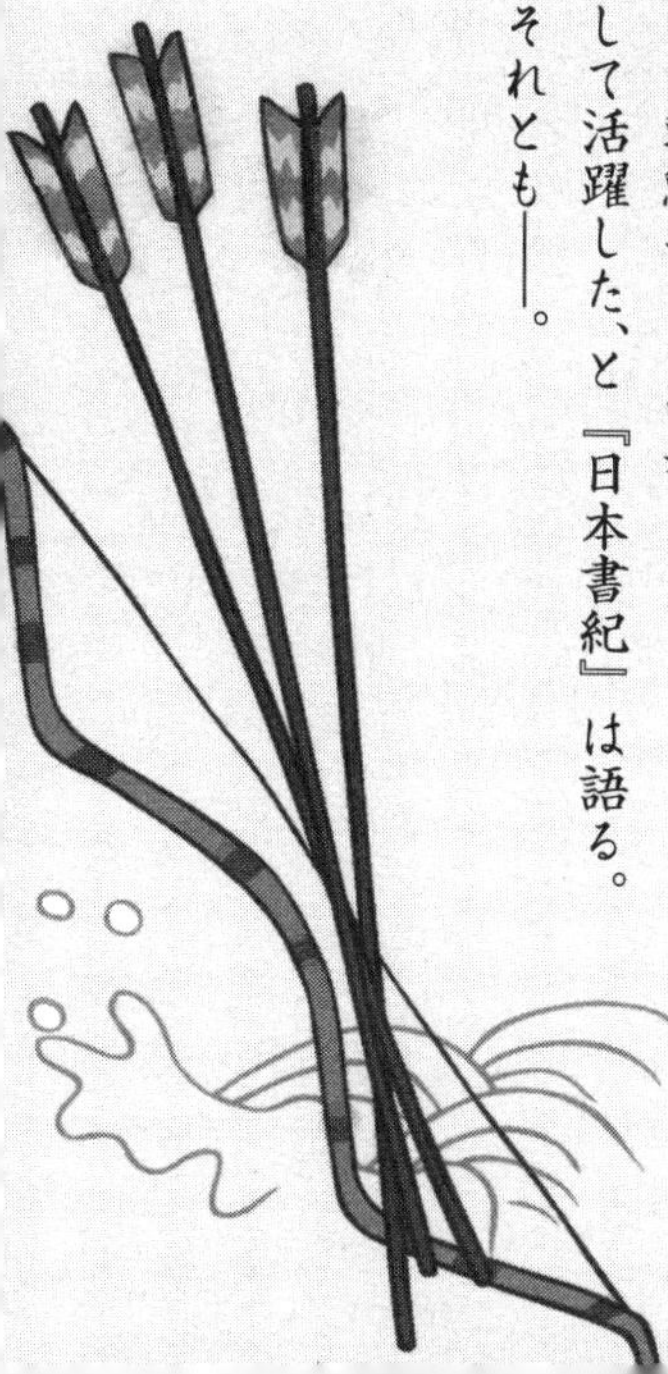

ヤマト中興の祖の女王とは

卑弥呼《ひみこ》か、壱与《いよ》か、それとも名も残らない男王か。いずれにしても弥生時代が幕を閉じ、古墳時代の始まりはすなわちヤマト王権の時代である。『日本書紀』など公式な歴史書では、天皇家の初代は九州からヤマト（奈良県）へ東遷した神武天皇。ただ、この天皇はアマテラスをはじめとする日本神話と史実を結ぶ「架空の人物」と考えられている。

歴史上確かに存在したと認められているのは、一五代の応神《おうじん》天皇あたりからだ。なぜかというと、卑弥呼が当時最先端の文化をもつ中国の歴史書に書かれているのに対して、初代から一四代までの古代の天皇たちの記録が中国にないためだ。ところが、海外の記録に残らずとも、この時代の日本はダイナミックな国際情勢の真っただ中を〝航海〟していた。

日本一の大きさをもつ琵琶湖を囲む滋賀県は、古代には「近江《おうみ》国」とよばれていた[1]。この近江の出身とみられる女性が、『古事記』や『日本書紀』にヤマト中興の祖として描かれている。彼女の名前は神功《じんぐう》皇后。伝説上の人物ともいわれる女性の足跡を探して琵琶湖を訪れた。

神功皇后の名は、息長足姫《おきながたらしひめ》[2]。一四代の仲哀《ちゅうあい》天皇の后であり、「八幡神」として有名な一五代応神天皇の母親である。彼女の出生地が記紀で明記されているわけではないが、息《おき》長《なが》氏は琵琶湖北東部を勢力とした地方の豪族だ。

4世紀末頃

神功皇后をはじめ多数の后を天皇家に送り込んでいたことから、古墳時代や飛鳥時代にかけて、息長《おきなが》氏が湖北東部の広い地域を影響下においていたことがうかがえる。

神功皇后ほど、歴史の褒貶《ほうへん》を経験した女性はいない。天皇ごとに「章立て」する『日本書紀』に単独の章が(3)あることから、明治時代まで天皇の一人に認められていた。第二次世界大戦前は、古代に朝鮮半島を軍事的に支配した英雄としてだれもが知る偉人だった。ところが、戦後は一転して、たんなる伝説上の人物、つまり架空の存在とされてしまった。一九六〇年代後半から、戦前の軍国主義への反省を伴う学界の「歴史の見直し」によって、半島を臣従させたことが、近代の日韓併合と同一視され、神功皇后は業績だけでなく、存在すらも否定された。

海を渡った倭国軍

だが、二一世紀の現在、古墳時代に日本の軍勢が海を渡ったことは、ほぼ史実として認められている。

考古学の成果を記紀の記述に合わせて、この時代を復元してみよう。仲哀・神功夫妻は九州の熊襲《くまそ》[4]征伐のために筑紫《つくし》（福岡市）に滞在していた。神功皇后に神懸かりがあり、半島にある新羅《しらぎ》[5]を征服するよう神が薦めた。しかし、仲哀はそれを無視したところ急死。替わって神功皇后が海を渡り、新羅を征服し、その後、新羅はヤマトに臣従するようになった。記紀によれば、このようになる。

神功皇后の半島への出兵が史実とすると、時代としては古墳時代前期の四世紀後半にあたる[6]。

古墳の副葬品といえば、「卑弥呼の鏡」の異名をもつ三角縁神獣鏡《さんかくぶちしんじゅうきょう》などの銅鏡が有名だが、実はこの頃を境に、副葬品の主流は鏡から武器へと替わる[7]。しかし、当時日本列島内は内戦状態になかった。内戦があれば当然あるべき、城塞などの防御性の高い遺跡が、各地の考古学調査でほとんど見つかっていないからだ。ヤマト側に最新の武器は不要だった。つまり、半島諸国のほうに、ヤマトへ武器を渡す事情があったのだ。

戦前は「ヤマトが朝鮮を支配した」と記紀にある通りに解釈してきたが、近年は「高句《こうく》麗《り》から圧迫された半島南部がヤマトに救援を求めた」という傭兵説が浮上している。

ヤマトから攻撃を受けた側である高句麗《こうくり》の好太王《こうたいおう》（広開土王《こうかいどおう》）碑[8]に、ヤマトと半島で戦ったと明記されていることも、第一級の証拠だ。碑文には、「三九一年以降、ヤマト（倭）が渡ってきて、百済《くだら》や新羅を破り臣下にした」と記されている(9)。

半島出兵後の五世紀になると、大阪府南部の「河内」に大仙古墳《だいせん》（伝・仁徳陵古墳）など巨大な前方後円墳が出現し、一方の「大和」（奈良県）では巨大古墳は減る。そのため、神功皇后の息子である応神天皇らが大和の政権に替わって新王朝をうちたてたとする「河内王朝」説は、有力な説の一つである(10)。

琵琶湖周辺を歩いてみて、あらためてわかるのは、水と陸の交通の要衝であるということだ。水運はいうまでもなく琵琶湖。北岸を進めば日本海へつながる。陸路では、街道沿いに東へ向かって大きな「壁」である伊吹山が滋賀・岐阜県境にそびえている。この名山の脇の峠を越えないと東日本へ行けないのだ。今でも日本の交通の大動脈はここを通っている。

息長氏の力の源泉は、この伊吹山にある。

この山を支配する息長氏の強さを暗示する逸話に、ヤマトタケル(11)の伝説がある。ヤマトタケルは、伊吹山の神による呪いが原因で死んでいる。

熊襲征伐に続き東国の蝦夷《えみし》征討を命じられたヤマトタケルは、ようやく使命を果たした。尾張（愛知県）でしばらく休息した後に、伊吹山を訪れた。伊吹山の神を倒すためとされ

滋賀・岐阜県境にそそり立つ伊吹山地の主峰・伊吹山。山麓に東西を結ぶ交通の大動脈が走る。写真：JR東海

ているが、ヤマトタケルは剣を尾張に置いて武装をあえて解いているのだから、実際は山を通過して都へ帰るつもりだったのだろう。

ところが、ヤマトタケルは伊吹山の神の化身の大蛇（『古事記』では白猪）を見誤ったため暴風雪を招き遭難。からくも尾張に引き返すが、重病となった。今度は伊勢（三重県）経由で都への帰還をはかるが、途中で死んでしまう。

この物語から史実をくみ取るとしたら、東国帰りの皇族の峠越えを道案内役の息長氏が妨害した可能性があげられる。むろん、息長氏が単独で反乱したのではなく、ヤマト王権の内紛が背景にあったのだろう。大和から河内へと王権のパワーバランスが移ろうとしている時期だけに、神話だからといって無視できないエピソードなのだ。

実は、このヤマトタケルは神功皇后の義理の父親にあたる。仲哀天皇は、父のヤマトタケルを死に追いやった息長氏からなぜ后を迎えたのか。

『日本書紀』によれば、仲哀天皇にはもともと后がいて、息子も二人いたが、天皇に即位したあとに、神功皇后を正妻としてめとっている。

その後、仲哀は、敦賀（福井県）へ赴き、そこで王宮を設置している。大和にいられなかったのか、それとも東アジアを見据えて戦略的に日本海側へ進出したのかはわからないが、北陸の敦賀は、琵琶湖の北西部つまり息長氏の勢力下を越えれば、すぐである。息長氏の娘との結婚と、北陸進出は無関係ではない。

湖上の聖地・竹生島

琵琶湖の北部に浮かぶのが、聖なる島「竹生島《ちくぶしま》」だ。「ちくぶ」という名は、「神が斎《いっ》く」が語源とされている。「いつくふすま」→「つくぶすま」→「ちくぶしま」と転訛《てんか》していったという説だ。

急峻な岩肌に社寺の堂宇が建ち並ぶ竹生島。島全体が国の史跡・名勝に指定されている。
写真：びわこビジターズビューロー

この島を聖なるものとして信仰の対象としたのは、はるか縄文時代にまでさかのぼる。

島の対岸の海底に、縄文時代から弥生時代にかけて、島をあがめるために貢ぎ物をつめて深さ一〇～七〇メートルの湖底に沈めたという説のある「葛籠《つづら》尾崎《おざき》湖底遺跡」がある。そして戦国時代には、岐阜から近江の安土城の主となった織田信長がこの島を訪れて参拝している。この島は、何千年ものあいだ祈りがささげられた聖なる場所である。

今は高速船でこの島を簡単に訪れることができる。東岸の長浜と彦根、西岸の今津から船が出ている。筆者は長浜の航路を使った。静かな水面を進む船は約三〇分で島に着く。桟橋のすぐそばからせり上がる急な階段、山肌に張り付くように建てられた建物群が、古来、人を寄せ付けない聖域であることを物語る。

島には、平安時代に国家に公認された「式内社(13)」の都久夫須麻神社《つくぶすまじんじゃ》と宝厳寺《ほうごんじ》が鎮座する。もとは神仏習合の信仰であったが、明治の神仏分離令により社寺に分かれた。神社にまつられているのは宇賀福神《うがふくじん》、市杵島姫《いちきしまひめ》、浅井姫《あざいひめ》、寺の本尊は弁財天である。いずれも女性。そう琵琶湖の神は女神だったのだ。神功皇后が頭に浮かんだ。

島からは、伊吹山の雄大な姿を見ることができる。一部分が残る『近江国風土記《おうみのくにふどき》』に、男神の伊吹山と女神の浅井（金糞）岳が高さ比べをして、敗れた伊吹山が怒って切り落とした浅井岳の山頂が湖に落ちて竹生島となったという伝承が記されている。「伊吹山の男神と浅井岳の女神の争い」。この伝承も頭に残った。

次に訪れたのは、神功皇后の「ふるさと」。息長氏の本拠地は、滋賀県米原市だ。鏡などの出土品で知られる山津照《やまつてる》神社古墳などからなる息長古墳群がある。この山津照神社古墳は、神功皇后の父親の墓との伝承が残る前方後円墳だが、大きさは推定四三メートルと小規模だ。近江全般にいえることだが、ほかの古墳も規模は奈良や大阪に比べると小さい。

だが、山津照神社を訪れてみると、その立地の重要性を改めて認識できる。古墳群のすぐそばを東海道新幹線、東海道本線、名神高速道路、北陸自動車道が通っている。まさに交通の要衝である。飛鳥時代最大の内乱、壬申《じんしん》の乱での激戦地であり、東へ行けば、古代に都を防備する関所のあった三関《さんげん》(14)の一つ、美濃の不破関《ふわのせき》がある。戦国時代には関ヶ原の合戦の舞台となった場所だ。

自動車に乗って不破関までを往復してみた。快晴だった琵琶湖側とはうってかわって、伊吹山麓の道は猛吹雪だった。なるほど、古代ならば遭難していただろう。地元民による案内は必須だ。英雄ヤマトタケルといえども、この天気の急変に巻き込まれたらひとたまりもなかっただろう。

連鎖する裏切り

ヤマトタケルを「裏切った」息長氏だが、息子の代に、娘を送りこむことで手打ちをし、ヤマト王権の北陸進出を手助けしたのか。ところが、息長氏はまたも「裏切った」ようなのだ。今度は自身の娘とその子を。

異国の地での長い戦いを終えて、幼い息子（のちの応神天皇）を抱いて都を目指した神功皇后を待っていたのは、義理の息子である忍熊王《おしくまおう》(15)たちによる反逆だった。

忍熊王たちは凱旋する義母が生んだ弟に皇位を奪われることを恐れたのだろう。いや、それは勝者（神功皇后）の見方であって、本来ならばすでに仲哀に替わって倭王となっていたのかもしれないが。

反乱軍は、播磨《はりま》の明石（兵庫県明石市）で母子を待ち受け、「東国から兵」を集めた。ところが、戦闘前に首謀者の皇子の一人が事故死したため、難波の住吉（大阪市）に軍を退いた。

神功皇后は反乱を知り、瀬戸内海を東進する主力と、四国の南を迂回する搦《から》め手の二手に軍勢を分けて、反乱軍を攻めた。反乱軍は、宇治（京都府宇治市）へと撤退。

神功皇后は都へ入り、朝廷を掌握、翌月、数万という大軍を動員し、反乱軍の壊滅に着手した。兵力の差はすでに大きかった。

忍熊王はボロボロになりながら宇治川を上り、「近江」を目指した。だが、追撃はやまず、ついに琵琶湖の入り口にある瀬田の渡し（滋賀県大津市）で身を投げて死んだ。その年の冬に、ヤマトの群臣たちは、神功皇后に「皇太后」という尊称を与え、彼女は幼い応神天皇を補佐する「摂政」となったと『日本書紀』にある。

実際にはこの時、ヤマトの女王（倭王）に即位したのかもしれない。奈良時代まで、男子が即位にふさわしい年に成長するまでの「つなぎ」として女性の皇族が皇位につくことは当たり前だったからだ。

ここで不可解なのは、反乱軍が東国の兵を集めたことと、忍熊王があえて神功皇后の父親たちがいる近江に撤退したことだ。この二点は、この戦いにおいて、近江の勢力が反・神功皇后陣営にいたことを物語る。

息長氏は、ふたたび倭王一族のもめ事に首を突っ込んだのではないか。

息長の女はヤマトを助け、男たちはヤマトに弓を引いた。天皇家に后を送り出しつづけ、七世紀には一番位の高い「真人《まひと》」の称号（姓《かばね》）を得る名門でありながら、息長氏が小さな地域の豪族で終わった要因は、こんな男と女の決断の差にあったのかもしれない。

歴史の舞台を訪ねて

● **大仙古墳（伝・仁徳陵古墳）**〔大阪府堺市堺区大仙町〕
古墳時代中期の前方後円墳で、百舌鳥古墳群の盟主墳。墳丘の長さは486メートルあり、日本最大。世界三大墳墓の一つに数えられる。

● **都久夫須麻神社（竹生島神社）**〔滋賀県長浜市早崎町1665 ☎0749（72）2073〕

●**竹生島宝厳寺**〔滋賀県長浜市早崎町1664　☎0749（63）4410〕

●**息長古墳群**

古墳時代前期～後期の古墳群。米原市近江はにわ館〔滋賀県米原市顔戸281‐1　☎0749（52）5246〕に出土埴輪などを展示。

●**山津照神社**〔滋賀県米原市能登瀬390　☎0749（54）2259〕

（注）

（1）琵琶湖を示し、都に近い湖を意味する近淡海（ちかつおうみ）が転じたと考えられている。

（2）気長足姫、息長帯比売とも。『日本書紀』では、9代開化天皇の子孫である息長宿禰（おきながのすくね）王の娘とされている。

（3）『日本書紀』（全30巻）は各天皇の年代記に分かれており、巻第9が神功皇后にあてられている。

（4）九州に勢力を張った人々。ヤマト王権に服属しなかったため討伐を受けた。

（5）朝鮮古代三国の一つ。朝鮮半島では4～6世紀、北部の高句麗、東部の新羅、西部の百済の三国が抗争しつつ発展した。

（6）中国の歴史書との整合性や考古学の成果による。『日本書紀』では初期の天皇らの治世を長く見積もっており、そのまま西暦に対応させると、仲哀天皇の没年は卑弥呼よりも古い200年になってしまう。

（7）例えば、槍の石突き用の青銅器は、中距離だけでなく懐に入ってきた敵も攻撃できる実用的な武器で、加羅諸国〔任那（みまな）〕の一つ金官（きんかん）国で使われた当時の最新式武器であった。

（8）好太王（広開土王）［374〜412年］は高句麗の王。百済や新羅を攻め、領土を拡大した。碑は414年、その功績を顕彰するため王陵に立てられたもので、中国北東部の吉林省にある。

（9）戦後の歴史の見直しで一時は「日本軍による偽造」説も出されたが、中国で日本軍より古い拓本が見つかり、2006年に中国の研究者により真正であることが証明された。

（10）河内には5世紀の天皇の陵墓と目される前方後円墳があるため、考古学者には河内王朝説を採るものが多い。しかし、記紀では大和に王宮がおかれているため、文献を重視する歴史学者には、政治の中心は大和にあったとし、河内王朝説に反対する意見も根強い。

（11）記紀伝説上の英雄。12代景行（けいこう）天皇の皇子で、仲哀天皇の父。景行により、西征・東征に遣わされた。

（12）古墳時代のヤマトは倭王（天皇）による君主専制の国家ではなく、各地の豪族による連合政権とする説が有力。倭王の使命の一つは「祭祀王」であったとみられる。『日本書紀』には天皇や皇族が遠国へ移動する記述が数多くあり、天皇や皇族が全国各地の前方後円墳での葬祭儀式に参加していた可能性も指摘されている。

（13）10世紀成立の法規集『延喜式』に掲載される古社群。

（14）伊勢国の鈴鹿、美濃国の不破、越前国の愛発（あらち）の三つの関。

（15）仲哀天皇の皇子。母は大中姫（おおなかつひめ）。

【参考文献】
田中晋作『筒形銅器と政権交替』（学生社）
吉村武彦『女帝の古代日本』（岩波新書）

四

雄略天皇と親衛隊長

―倭国独立の夢に奔走す

一九六八年、埼玉県行田《ぎょうだ》市にある稲荷山《いなりやま》古墳から一振りの鉄剣が発掘された。

持ち主は剣に刻まれた黄金の銘文から雄略《ゆうりゃく》天皇のそば近くに侍した兵たちの長と考えられている。

五世紀後半、武をもってヤマト王権の威光を大いに広めた天皇のもとで、古代の親衛隊長はどのように仕えていたのか――。

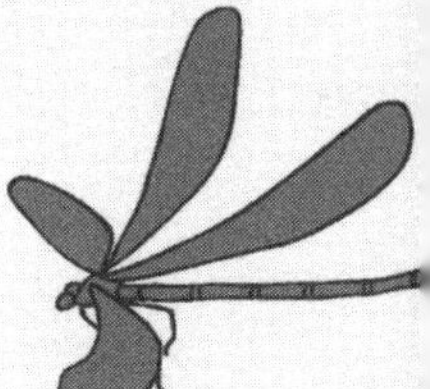

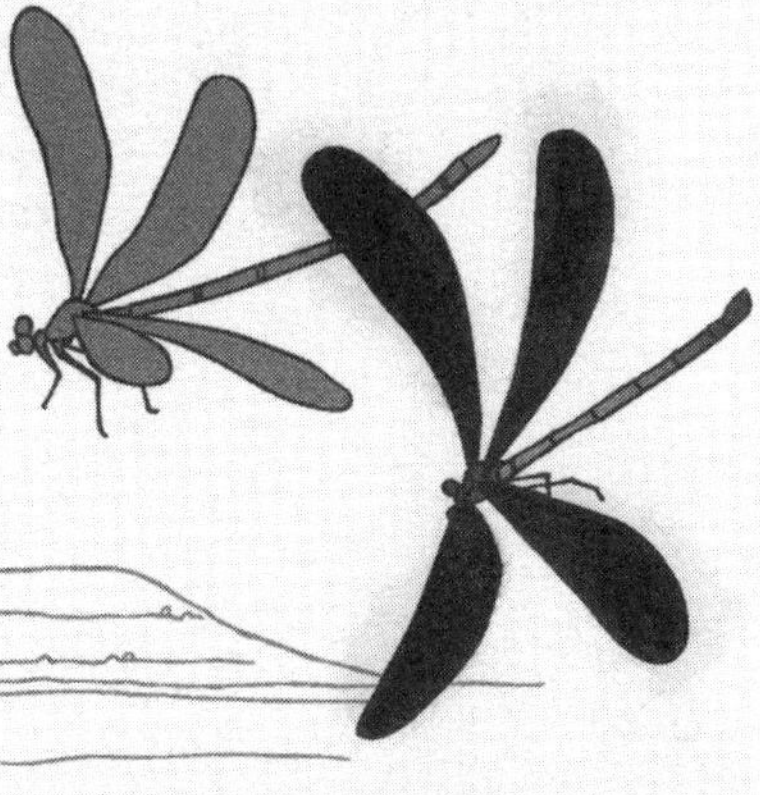

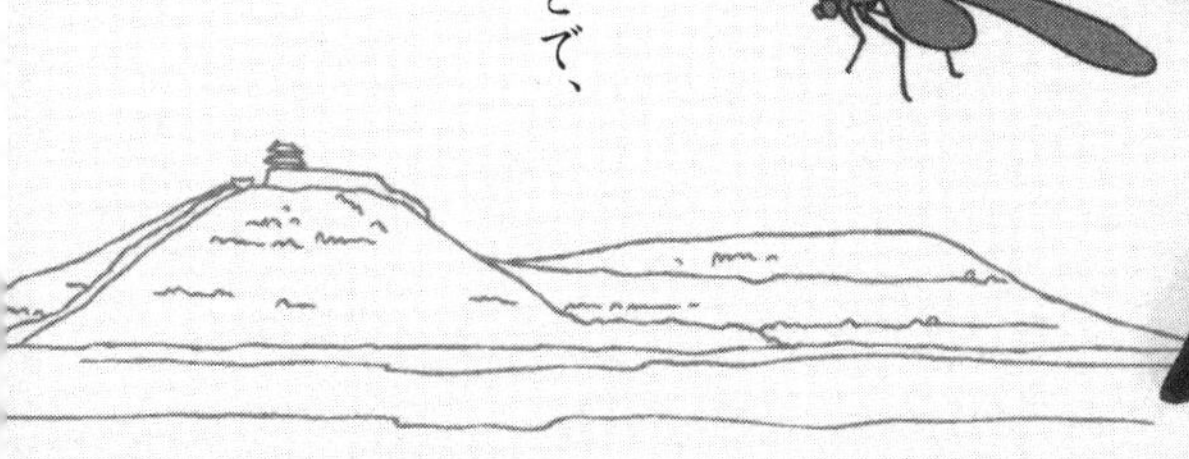

〝独立〟に挑んだ天皇と黄金の文字

古墳時代（三世紀末頃〜七世紀頃）の日本列島に文字はほとんどなかった。それほど文字を記すのは稀少なことだった。

ところが、西暦四〇〇年代に実在した天皇の名前が埼玉県の埼玉《さきたま》古墳群の稲荷山《いなりやま》古墳（前方後円墳、全長一二〇メートル）から見つかった。当時の埼玉は、辺境の地であった。いったい、だれが残したのか。そこには「日本独立」という偉業に挑戦した古代の天皇と、それを支えた親衛隊長の姿が浮かんでくる。

稲荷山古墳から出土したのは、遺体とともに埋葬された鉄剣[1]である。一九六八年に発掘された時はさびだらけで文字があることはわからなかったが、一九七八年に行われたレントゲン写真撮影の結果、黄金の文字が浮かび上がってきたのだ。一〇〇年に一度の大発見といわれたその現場を訪れた。

ＪＲ高崎線の吹上駅からバスで約二〇分、そこからさらに徒歩で一五分ほどいくと、埼玉古墳群のある「さきたま古墳公園」に着く。九基の大型古墳が密集する関東随一の景観を誇る。まず目指すのは、直径一〇五メートルの日本最大の円墳「丸墓山《まるはかやま》古墳」だ。高さ一八・九メートルの墳頂は遺跡内で最も標高が高く、周囲を見渡すのには格好の場所だ。

ここには、歴史上の有名人も訪れている。豊臣秀吉の小田原攻めに従った石田三成である。近くには、かつて水沼に浮かぶ「忍城《おしじょう》」があった。映画化された戦国小説『のぼうの城』（和田竜著）の舞台でもある。この城を水攻めにする作戦を採った三成は、周辺で一番高いこの丸墓山に陣をおき、地形を確かめて戦略を練ったとされている。実際、公園の駐車場から丸墓山古墳へつながる遊歩道は、三成軍が築いた水攻めの土塁の跡でもある。

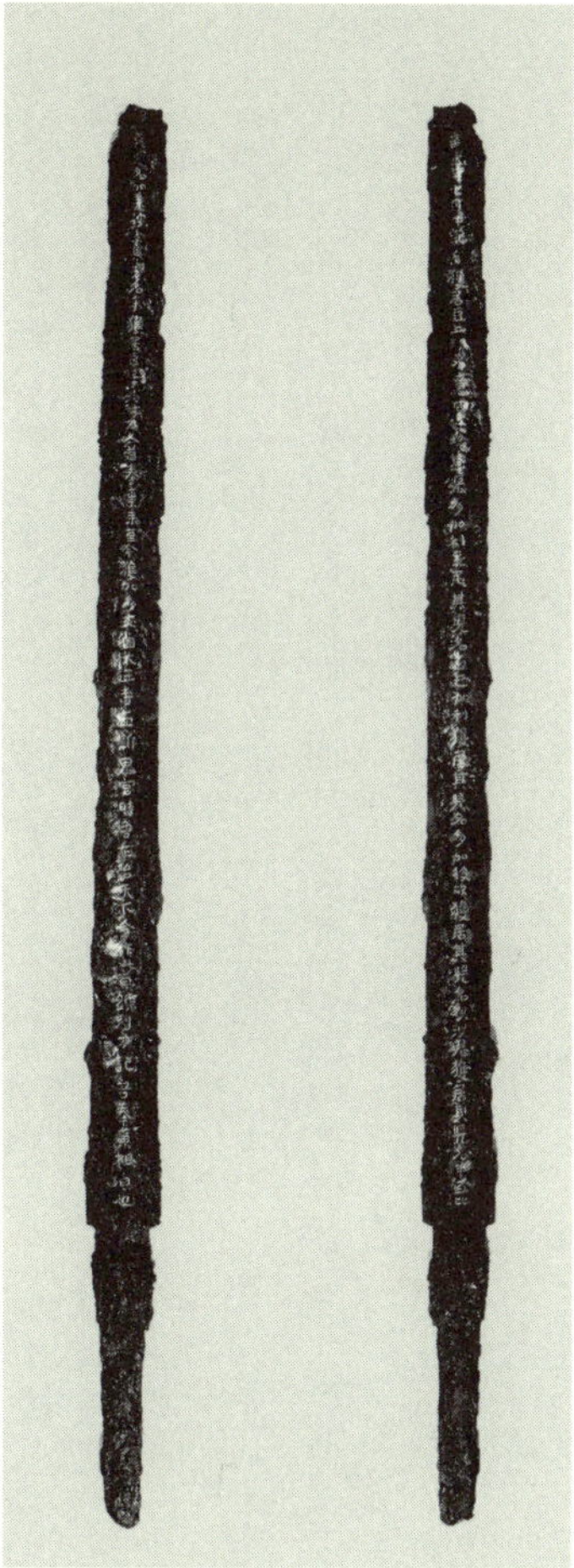
稲荷山古墳から出土した鉄剣の表（右）と裏
写真：埼玉県立さきたま史跡の博物館

丸墓山の目の前にあるのが稲荷山古墳だ。後円部の墳頂には、小石を敷き詰めた礫槨《れきかく》と、[2]粘土槨（盗掘済み、被葬者は不明）の二つの埋葬施設がある。鉄剣が発見されたのは礫槨のほうで、遺体の左足そばに副葬されていた。

肝心の鉄剣は、近くの県立さきたま史跡の博物館で、ガラス越しながら中空に浮いた状態で間近に見ることができる。長さ約五六センチの剣の表裏に、一一五の文字が、その凹んだところに金を埋め込む「象眼《ぞうがん》」によって書かれている。[3]内容は次のとおり。

――辛亥の年（四七一年）の七月に、「ヲワケ（乎獲居）」という名の男が記録したものである。始祖の名前は大彦。祖先は代々、天皇の親衛隊長「杖刀人首《じょうとうじんのしゅ》」を務めてきた。シキ（斯鬼）[4]の王宮にいますワカタケル（獲加多支鹵）大王（雄略天皇）に仕え、天下を治める補佐をした。このすばらしい刀に、私の功績を刻み記念とする。

解釈は諸説あるが、ヲワケは武蔵の豪族の出身で、稲荷山古墳に眠る人物とみられている。鉄剣の表現に東国方言がみられるとの言語学の成果も、この解釈を裏付ける。

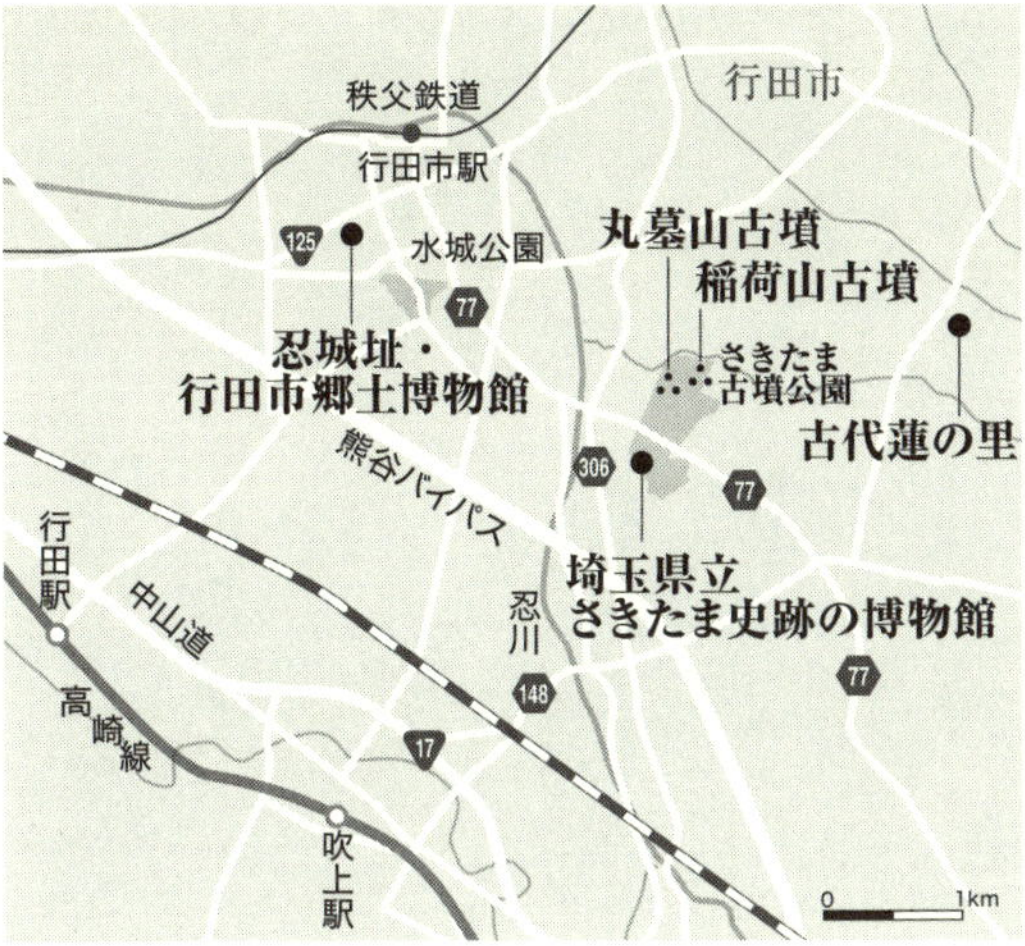

〝大悪〟とよばれた暗殺王

ヲワケが仕えたワカタケル、すなわち雄略天皇とはどんな人物か。そして、ヲワケはなにをしたのだろうか。

雄略天皇は五世紀後半に実在した人物で、二一代天皇だ。公式の歴史書『日本書紀』では「大悪」と非難されながらも、奈良・平安時代の日本人たちには日本の創始者とみなされた改革者でもあった。戦国時代の織田信長にイメージが近い。

なぜ「悪」かというと、雄略天皇はたくさんの人を謀略で殺したからだ。理由は復讐、そして天皇の地位を奪うためである。

空から見た埼玉古墳群。中央は武蔵国最大の前方後円墳、二子山古墳。その上が稲荷山古墳で、その左の円墳が丸墓山古墳。写真：埼玉県立さきたま史跡の博物館

四五六年、兄の安康天皇《あんこう》がいとこの眉《ま》輪王《よわのおう》によって暗殺された。眉輪王の父が安康によって殺されたことへの復讐だった。

凶報を聞いていち早く動いたのが、ワカタケル（のちの雄略天皇）だった。ワカタケルは、ほかの兄二人が黒幕だとしてすぐに甲冑をまとい兵をあげ、兄の一人を反論させずに斬り捨てた。もう一人の兄は眉輪王とともに、円大臣《つぶらのおおおみ》という臣下でトップクラスの豪族のもとに身を隠した。ワカタケルは円大臣の邸宅を取り囲むと、火を放ち、三人とも焼き殺してしまった。

ここまでは、兄への復讐ともいえる。

しかしここからはがらりと性格が変わってしまう。返す刀で別の皇位継承者のいとこを、狩りにいこうとよび出して射殺してしまう。さらには別の皇族も道で待ちかまえた軍で襲い、処刑してしまった。

古墳時代までの天皇は、年功序列と終身制が大原則だった。雄略天皇の前の代の天皇は、兄（次男）の安康天皇。そして雄略天皇は五男、つまり兄が死んでも、さらに三男と四男がいるため、天皇になれる可能性は極めて低かった。

こうして、復讐を大義名分として、次々にライバルを消していった結果、雄略天皇は即位することができた。

中華からの離脱を決断

力ずくでの即位への流れをみると、なるほど〝大悪〟といってもいいかもしれない。だが雄略には、中国の重圧から抜け出して、史上初めて「独立」を果たすという大きな野望があった。

「親魏倭王」の金印を中国の魏皇帝から授けられたのは、倭国の初代女王・卑弥呼だった。

続いて、神功皇后の息子の応神天皇ら四〇〇年代の倭王（天皇）も中国への朝貢を定期的に行っていた。

この当時の相手は、中国南朝の宋（四二〇〜四七九年）だった。『宋書倭国伝』という中国の史書には、五人の王(5)が朝貢してきたことを記している。なぜ朝貢したのかというと、当時、朝鮮半島を南下していた高句麗に対抗するために、たびたび軍勢を送り込んでいた半島での軍事支配権を認めてもらうためだった。

そのうち、五番目の最後に朝貢した倭王こそ、雄略であった。

本名のワカタケルからとった倭王「武《ぶ》」を名乗り、朝鮮半島の南部にある百済《くだら》、新羅《しらぎ》、加羅などの諸国の軍事支配権を宋に願い出た。だが宋は、国際的にはヤマト（倭）よりも明らかに先進国だった百済については却下し続けた。

雄略は「百済の支配権も認めていただけないと、これまでのような臣下の関係ではいられなくなる」と脅しをかける。それでも宋が認めないと、実際に外交の門を閉ざした。これは事実上の独立宣言であった。だが、中国皇帝の枠組みからはずれることは、国際的に孤立する恐れもある。

当然ながら国内でも抵抗勢力が出てくる。雄略は、身内を粛清したのと同様に、軍隊を使って、瀬戸内海を制する吉備氏などの大豪族を排除した。

政治的な粛清の決断は雄略が行っただろう。しかし、実際に手を下したのは、埼玉出身の親衛隊長ヲワケだったのではないかと、筆者は想像する。あまた出土する古墳時代の鉄剣でも、文字が刻まれるのは例外中の例外。ヲワケの活躍があったからこそ、文字の記された鉄剣を故郷へともち帰ることが特別に許されたにちがいない。

「大悪」と陰に日向にうわさされた雄略とヲワケは、日本列島の天下統一と倭国独立の二つの夢を共有していたのだろう。

空前絶後の前方後円墳国家

これらは夢想で終わることはなかった。雄略の時代に、古墳時代のヤマトの象徴である前方後円墳が、北は岩手県から、南は鹿児島県まで、空前絶後の分布を見せることが考古学的に判明している。中国からの独立についても、一〇〇年以上後の飛鳥時代に活躍する聖徳太子に継承された。(6) 雄略たちの夢は脈々と受け継がれたのだ。

しかし、夢のために二人が失ったものもあった。

故郷での栄達を捨てて、雄略の影として仕えたからであろう。ヲワケは故郷へ戻って武蔵地方のトップ「武蔵国造《くにのみやつこ》」になることもなく、死後に単独の古墳さえ造られなかった。

実は稲荷山古墳の主体となる埋葬者は、ヲワケの眠る礫槨ではなく、粘土槨のほうなのだ。後円部の墳頂に複数人を埋葬するケースは少ない。わかりやすいメインの粘土槨が簡単に墓泥棒に見つかっていたがゆえに、ヲワケの埋葬施設は偶然にも盗掘から免れたのだ。

一方、雄略のほうは、身内を殺しすぎたため、子の清寧《せいねい》天皇のつぎに後継ぎがなく、みずからの血統が断絶してしまう。天皇家を継いだのは、倭の五王より古い応神《おうじん》天皇の五世孫という北陸出身の継体《けいたい》天皇だった。

継体天皇は、応神天皇とは血縁関係になく、全く別の「新王朝」だという説がかつては根強かった。五世（六代）も記憶が続くはずがない、というのがその根拠だ。

ところが、それを覆したのがヲワケの鉄剣だった。そこには、大彦から始まる八代にわたる名前が書かれている。当時は、八代くらいまでの祖先の系譜は、十分に伝承できたのかもしれない。だとすれば、継体天皇が応神天皇の六代目ということも、作り話とはいえなくなる。

雄略を守護し、献身的に仕えたヲワケは、一五〇〇年あとの現代になって、もう一度、天皇の系譜を守ったといえるかもしれない。目の前にある黄金に輝く文字から、ヲワケの誇りを読み取ることができた。

歴史の舞台を訪ねて

●さきたま古墳公園／埼玉県立さきたま史跡の博物館

〔埼玉県行田市埼玉4834　☎048（559）1111〕

埼玉古墳群は1938年に国の史跡となり、67年から整備が始まった。現在は「さきたま古墳公園」として親しまれている。

（注）

（1）「金錯銘鉄剣（きんさくめいてっけん）」とも。1968年に出土、83年に国宝に指定された。

（2）礫は小石、槨は墓室内部の棺を保護し納める空間。35ページ注（3）も参照。

（3）原文は以下の通り。【表】辛亥年七月中記、乎獲居臣、上祖名意富比垝、其児多加利足尼、其児名弖已加利獲居、其児名多加披次獲居、其児名多沙鬼獲居、其児名半弖比【裏】其児名加差披余、其児名乎獲居臣、世々為杖刀人首、奉事来至今、獲加多支鹵大王寺、在斯鬼宮時、吾左治天下、令作此百練利刀、記吾奉事根原也

（4）シキは奈良盆地南部の古代地名にある。磯城、志癸、志貴、師木とも。

（5）いわゆる「倭の五王」とよばれる5世紀頃の5人の倭王で、中国南北朝時代の『宋書』などの史書に記載される讃（さん）・珍（ちん）・済（せい）・興（こう）・武のこと。讃は応神天皇あるいは仁徳天皇か履中（りちゅう）天皇、珍は仁徳天皇あるいは反正（はんぜい）天皇、済は允恭（いんぎょう）天皇、興は安康天皇、武は雄略天皇に比定されるが、議論のわかれる王が多い。筆者の見解では倭の五王は、讃＝履中天皇、珍＝反正天皇、済＝允恭天皇、興＝安康天皇、武＝雄略天皇で、応神天皇も仁徳天皇も含まない。考え方としては、五人目の武が雄略天皇であることへの異論はほとんどないので、後ろからさかのぼっていく。興は『宋書』に武の兄だと記されているので、安康天皇と確定できる。さらに済は興と武の父とされているので、允恭天皇である。問題はここからで、『宋書』には珍と済との関係が書かれていない。ただ、讃と珍との関係については、兄弟だと明記されている。允恭天皇より前に兄弟で即位しているのは、履中天皇と反正天皇である。ちなみに『日本書紀』などによれば、履中・反正・允恭の三天皇は、仁徳天皇の息子たちで三兄弟。

（6）『隋書』によれば、聖徳太子が中国の隋（581〜618年）へ送った「日出る処の天子、書を日没する処の天子に致す……」の国書があり、これは日本が中国と対等であると主張したものと考えられる。

【参考文献】

高橋一夫『鉄剣銘一一五文字の謎に迫る　埼玉古墳群』（新泉社）
森博達「稲荷山鉄剣銘とアクセント」（小川良祐ほか編『ワカタケル大王とその時代』山川出版社）

五

名湯を訪れた聖徳太子

近年「聖徳太子はいなかった」という説が世に問われた。
「聖徳太子」という呼称が初めて見えるのは
没後一〇〇年をすぎてからの史料のため、
学界では「厩戸王」と表記するのが通例だ。
この聖徳太子、ある時伊予の名湯道後温泉を訪れていたという。
その理由を探ると、湯煙の向こうから意外な太子像が浮かび上がった——。

聖徳太子が絶賛した名湯

陽の光が差し込む昼下がり。道後《どうご》温泉本館の浴場で、胸の近くまでたっぷりと満たされた熱めのお湯につかる。旅で硬くなった体と心がじわじわとほぐれていく。

本館は一八九四年に建造され、国の重要文化財に指定されている由緒ある建物だ。古くは文豪・夏目漱石が代表作『坊っちゃん』で、主人公が湯船で泳ぐ名場面のモデルとした。情緒たっぷりな風情は外国人も魅了し、ミシュランガイドでは最高評価の三つ星を獲得している。

はるか一四〇〇年前の飛鳥時代に、この温泉を「神様が与えた水（神井《しんせい》）」と絶賛した人物が、かの聖徳太子である。この逸話から道後温泉は「日本最古の温泉」とよばれるようになった。土地柄、遍路姿の老若男女も目に付く。

古い温泉はどこでも開湯伝説があり、弘法大師（空海）や小野小町など古代の有名人が登場する。こうした伝説の多くは、江戸時代や現代になってから「湯の格」をあげるために創作されたものが多いのが実態だ。

しかし、道後温泉と聖徳太子のかかわりは、奈良時代のはじめに完成した『伊予国風土《いよのくにふど》記《き》』に記録されている[1]。太子の生きた一〇〇年ほど後のことである。やはり聖徳太子はここに来ていた可能性が高い。

聖徳太子が伊予に来た証拠はまだある。道後温泉のある松山市では、来住廃寺《きしはいじ》や湯ノ町廃寺など約八カ所の寺院跡が発見され、法隆寺（斑鳩寺《いかるがでら》、奈良県斑鳩町）と同系統の瓦が出土している。さらに来住廃寺は西に塔跡、東に金堂跡、北方に講堂跡をもつ法隆寺と同じ伽藍《がらん》配置だった。いうまでもなく法隆寺は聖徳太子が建立した寺院である。太子と伊予をつなぐ線は、考古学からも描くことができるのだ[2]。

風土記には、二三歳の太子が道後温泉を訪れ、そのすばらしさを顕彰した石碑を立てたとある。残念ながら石碑は現存していないが、幸運にも内容だけは伝わっている[3]。

五九六年一〇月のこと、聖徳太子は、高句麗《こうくり》の高僧の慧慈《えじ》と葛城臣《かつらぎのおみ》という人物とともに伊予に立ち寄った。そこで神々しい湯を見て、なんとすばらしい温泉だろうと驚嘆し、ほめ称える漢詩をしたためた。

「和をもって貴しとなす」の太子だ。お連れの部下たちだけでなく、土地の人たちと仲良く裸のつきあいで、平和なひとときを過ごしたのだろうか。

文字通り湯治のためという説もある。太子は中央で政治に辣腕をふるうどころか、病人だったというのだ。身も心も癒やされる名湯に浸かると、このシンプルな解釈も「もっともだ」と信じたくなる。

だが、交通の不便な当時、わざわざ奈良の飛鳥から伊予へやってくる理由はほかにあるのではないか。この仮説を確かめるために、長湯したい気持ちを抑えて湯船を出ることにした。

太子の道後温泉訪問の真の理由とは何か。道後温泉本館から歩いて五分ほどの伊佐爾波《いさにわ》神社へと向かった。平安時代以前に創建された由緒ある神社だが、幻の石碑はかつて「伊社迩波《いさにわ》の岡」つまり、このあたりにあったと記録されているからだ。国の重要文化財に指定されている社殿は階段を登り切った丘の上にあった。

「聖徳太子は温泉を見てはいますが、入浴したわけではないんですよ」

太子の温泉訪問について尋ねると、宮司さんは思いがけないことを教えてくれた。先に紹介した碑文を読み直してみると、たしかに「観神井」(神井を観た)とある。とすれば、湯治説には再検討の余地がある。

思うに、太子訪問の謎を解くカギは、同行した高句麗僧の「慧慈」と「葛城臣」の二人が握っているのではないか。

当時の東アジアの国際状況をみると、ヤマト王権は朝鮮半島の新羅との戦争のまっただ中にあった。戦争の原因は、新羅が五六二年に半島南部のヤマトの同盟国、加羅《から》（任那《みまな》）を併合し、滅ぼしたことだった。

以来、ヤマトの外交の基本は、半島の橋頭堡《きょうとうほ》を奪還することに定まった。当初は戦闘ではなく、交渉でいかに有利な条件を引き出すかの外交戦こそが両者の主戦場だった。

武闘派・聖徳太子の外交戦略

ところが、聖徳太子が外交を差配するようになると、一転して武力に訴える強硬策を打ち出したのだ。年譜（71ページ）を見ればわかるように、聖徳太子が外交の責任者になった前後で三度も軍隊を動員した。まず五九一年、加羅復興を名目に二万の大軍を九州へ送り込んでいる。これをここでは「第一次加羅奪回作戦」とよぼう。

この時のヤマトは渡海する気はなく、単なる脅しだったようで、太子は副総理兼外務大臣ともいえる摂政就任から二年後の五九五年に、九州に駐屯したままの軍勢を引き上げさせた。この軍勢の中に、碑文の「葛城臣」とみられる葛城烏奈良《おなら》がいた。また軍隊撤収のわずか二カ月前には、高句麗から慧慈が来日、太子の仏教の師となった。五九六年の道後温泉来訪の一年前に、碑文に見える慧慈と葛城臣が同時に歴史の表舞台に登場するのは偶然といえるだろうか。

東アジアで名の知られた高僧、慧慈がなぜはるばるやって来たのか。当時、高句麗は新羅と敵対していた。ならば、慧慈は高句麗の嬰陽王《えいようおう》の特命を帯びていたと考えるのが自然だ。その内容は、ヤマトと高句麗が同盟を結び、新羅に圧力をかけることだったのだろう。中国に誕生した隋帝国に矛先を向けられた高句麗が、隋との戦争に集中するため後背部の新羅攻撃をヤマトに焚き付けたのかもしれない。

戦争を決意した外務大臣・聖徳太子と、軍幹部の葛城臣、同盟国の特使・慧慈はなんのために、道後温泉のある伊予を訪れたのか。答えは戦争準備である。具体的には、兵士徴発や兵站《へいたん》基地の視察のためだ。

半世紀余り後のことだが、斉明天皇と中大兄皇子が、新羅に滅ぼされた百済を救うために半島へ出兵した途次、道後温泉近辺に二カ月ほど滞在している。きたる決戦に向けて、各地で徴発された兵士が集結するのを待ち、そして兵士を満載した船団が旅立てる西向きの風を待っていた。瀬戸内海の四国沿岸ルートの西端である伊予は古くより重要な軍事拠点だったのだ。

聖徳太子は、伊予訪問から四年後の六〇〇年、ついに第二次加羅奪回作戦を発動する。

第一次の派兵は、豪華な献上品を要求するための「恫喝」外交の面が大きかったと書いた。九州まで軍を進めたものの、実際の戦闘にはならなかったのもそのためだ。だが、太子は高句麗と組むことで、本気で新羅へ侵攻するための仕切り直しをしたのだ。

海を渡ったヤマト軍は新羅の五つの城を電撃的に攻撃し、新羅は早々に降伏する。加羅は再度独立を果たし、太子の作戦は見事に成功した。かにみえたが、ヤマト軍が去ると、

聖徳太子関連年譜

574年（1歳）	▶ 誕生
591年（18歳）	▶ 第1次加羅奪回作戦 2万の大軍を九州へ送り込む
593年（20歳）	▶ 推古天皇の摂政となる
595年（22歳）	▶ 高句麗から慧慈が来日 第1次加羅奪回作戦の軍勢を九州より引き上げる
596年（23歳）	▶ 伊予の道後温泉を訪問
600年（27歳）	▶ 第2次加羅奪回作戦
602年（29歳）	▶ 第3次加羅奪回作戦 撃将軍の来目皇子が死去し作戦は中断
622年（49歳）	▶ 死去

新羅はすかさず加羅を再併合してしまった。

むろん太子は怒り心頭に発したはずだ。すぐに第三次加羅奪回作戦が計画された。今度の作戦にかける意気込みは強かった。これまで豪族を派遣軍の大将に任命してきたが、今回、撃《げき》新羅将軍に選ばれたのは、太子の弟の来目皇子《くめのおうじ》だった。通常「征○○将軍」となるのだが、「撃」と付けたことからもその怒りが伝わってくる。

ところが二万五〇〇〇の兵を動員して九州までは来たが、来目皇子が病気で倒れて作戦は中断、皇子はそのまま帰らぬ人となった。

太子はあきらめず、今度は兄の当麻皇子《たいまのおうじ》を将軍に任命し、作戦を継続した。だが、当麻皇子は軍隊の待つ九州へ行く途中の播磨国（兵庫県）で「妻が死んでしまった」という理由で引き返し、第三次加羅奪回作戦はあっけなく終了してしまう。太子主導による派兵はこれが最後となった。

どうやら聖徳太子の「平和を愛する聖人」という常識的なイメージは修正する必要がありそうだ。これまで見てきたように、実はヤマトきっての対外強硬派だったのだ。

地方の人材を登用した改革者

だが、好戦的という新しい人物像だけでは、真の姿を見誤ることになる。

聖徳太子は、それまでのヤマトでだれも成し遂げたことがない「地方の人材登用」を推進した改革者でもあった。

このことを示す証拠があると、道後温泉から東へおよそ六〇〇キロの埼玉県行田《ぎょうだ》市に後日、足を延ばした。工業団地の一角に、緑色の石が連なる巨大な石室が剝きだしの八幡山古墳がある。同時代の奈良県明日香村の石舞台古墳にちなんだ「関東の石舞台」という大仰な別名をもち、研究者の間では有名だが、観光客はほとんどいない。

ここに眠るのは、一〇世紀頃に成立した『聖徳太子伝暦《でんりゃく》』という伝記に登場する、聖徳太子の側近中の側近、物部兄麿《もののべのえまろ》との説が有力だ。兄麿は、近江《おうみ》（滋賀県）出身の膳清国《かしわでのきよくに》とともに、聖徳太子の両脇に控えていた、いわば水戸黄門にとっての「助さん、格さん」であった。

この墓からは漆塗りの木棺が出土している。これは、当時の中心地だった畿内でも皇族

八幡山古墳。実際に訪れると、埋葬された人物の実力のほどが実感できる。

や有力な豪族にのみ許された棺で、地方で見つかっているのはここだけという。兄麿が地方出身者でありながら、前代未聞の出世を果たしたことを示す考古学上の証拠だ。すなわち、太子は身分や家柄にかかわらず、優秀な人材を登用していたということなのだろう。

聖徳太子の偉人ぶりを示す有名な逸話といえば、一〇人の話を一度に聞き分けたことだ。これが本当のことかはわからない。だが、聖徳太子は、外国の僧侶、従軍した兵士、地方出身者など幅広い層から、じっくりと話を聞くことのできる名政治家であったことは間違いない。

歴史の舞台を訪ねて

●**道後温泉本館**〔愛媛県松山市道後湯之町5-6　☎089(921)5141〕
1984年に改築された三層楼からなる道後温泉本館。工期は約20カ月、予算は当時のお金で13万5000円だったという。重要文化財。施設利用料には4種あるが、おすすめは1550円のコース。浴衣と赤いタオルが貸し出され、大理石の豪華な「霊の湯」に入ることができる。入浴後は休憩所として3階の個室が利用でき、お茶と名物「坊っちゃん団子」で一息。日本唯一の皇室専用浴場の見学も丁寧なガイドが付く。近くには復元された碑が立つ［松山市道後湯之町19-22　椿の湯前］。

●**来住廃寺／久米官衙（くめかんが）遺跡**
〔愛媛県松山市来住町・南久米町　問い合わせ先：松山市文化財課　☎089(948)6891〕

●**八幡山古墳**〔埼玉県行田市藤原町1-27-2〕
石室公開日（土・日・祝日［年末年始を除く］10〜16時）

（注）
（1）『伊予国風土記』は現存せず、その一部（逸文）が『釈日本紀』という書物に残された。
（2）来住廃寺に隣接する久米官衙遺跡では、2009年に行われた発掘調査で全国でも最古級の7世紀前半にさかのぼる役所跡が見つかっている。聖徳太子の死亡した年は622年だから、ほぼ同時代で時期が重なることになる。
（3）碑文は『釈日本紀』の逸文に全文引用されている。

【参考文献】

大山誠一『〈聖徳太子〉の誕生』（吉川弘文館）
田中広明『豪族のくらし』（すいれん舎）
本郷真紹編『日本の名僧① 和国の教主 聖徳太子』（吉川弘文館）
上原和『斑鳩の白い道のうえに 聖徳太子論』（講談社学術文庫）
石田尚豊『聖徳太子事典』（柏書房）
『道後温泉 増補版』（松山市）

六

大船団、北上す

—阿倍比羅夫の遠征

七世紀、女帝・斉明《さいめい》天皇の命により、
大船団を率いて北へ向かったヤマトの将軍・阿倍比羅夫《あべのひらふ》。
彼のほんとうの目的は何だったのか。
大船団の一員であり、北方での戦闘に倒れ、
能登に築かれた異国風の古墳に眠る戦士、
また、そのほかの仲間たちは、どのような運命を生きたのか——。

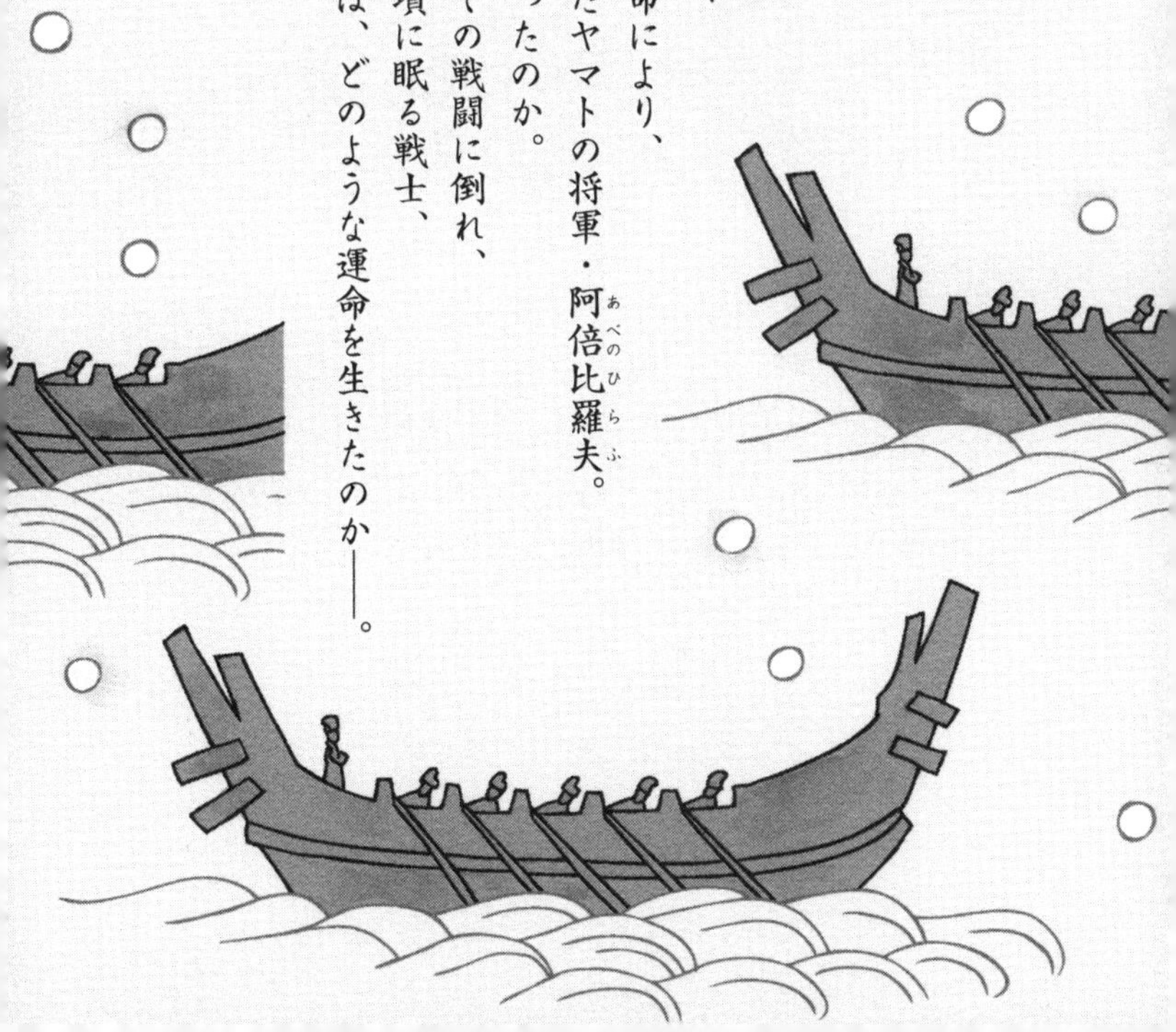

未踏の地へ遠征した武人

能登半島の東側、七尾《ななお》湾の中心に、能登島は浮かぶ。日本海といえば冬の荒れた姿をイメージしがちだが、実際に訪れるとそのギャップに驚く。湾の水面は湖のように静かだ。島には飛鳥時代の須曾蝦夷穴《すそえぞあな》古墳がある。ここに眠る男は、だれも見たことがない大地を求めて大海原へと漕ぎ立った、古代の大船団の一員だったとみられている。

古代で初めて北海道にまでたどり着いた、名も無き冒険家たちの痕跡を探して、北陸を訪れた。

六五八年、斉明《さいめい》天皇(1)が首都・飛鳥を大工事によって改造しているさなか、一八〇艘のヤマトの大船団が日本海を北上していた。船団を率いる男の名は、阿倍比羅夫《あべのひらふ》(2)。古代において後にも先にもない、ヤマト人未踏の地・北海道にまで遠征した人物である。

しかも、この大遠征は三年連続だった。いったい、比羅夫はどこを目指していたのか。

そして、斉明天皇はなにを命令したのか。これは日本古代史の大きな謎である。

斉明天皇の後押しで海図のない海を目指す——。このフレーズに、コロンブスを思い浮かべる読者も多いのではないだろうか。コロンブスはスペイン女王イサベルを支援者に大西洋へ船を出し、一四九二年、ヨーロッパ人にとって新大陸だったアメリカ大陸にたどり着いた。

　実際、比羅夫は古代のコロンブスともいえる。いや、コロンブスこそ、西洋の比羅夫であるというべきか。コロンブスが目指していたのは、アメリカではなくインドであった。同じように、越国《こしのくに》(3)の長官を務めていた比羅夫の本当の目的地は北海道ではなく、中国大陸だった。

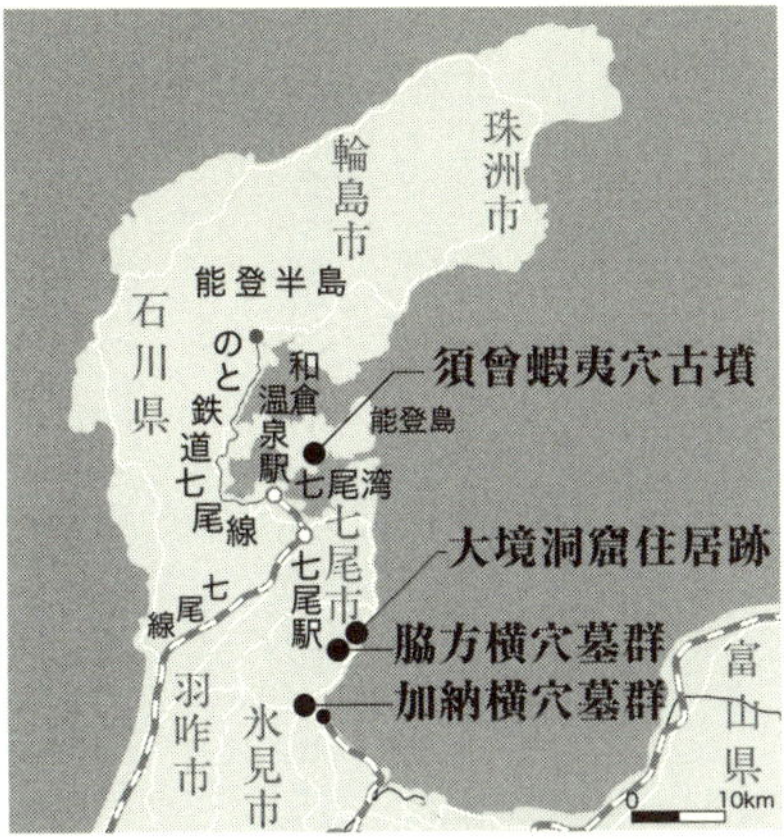

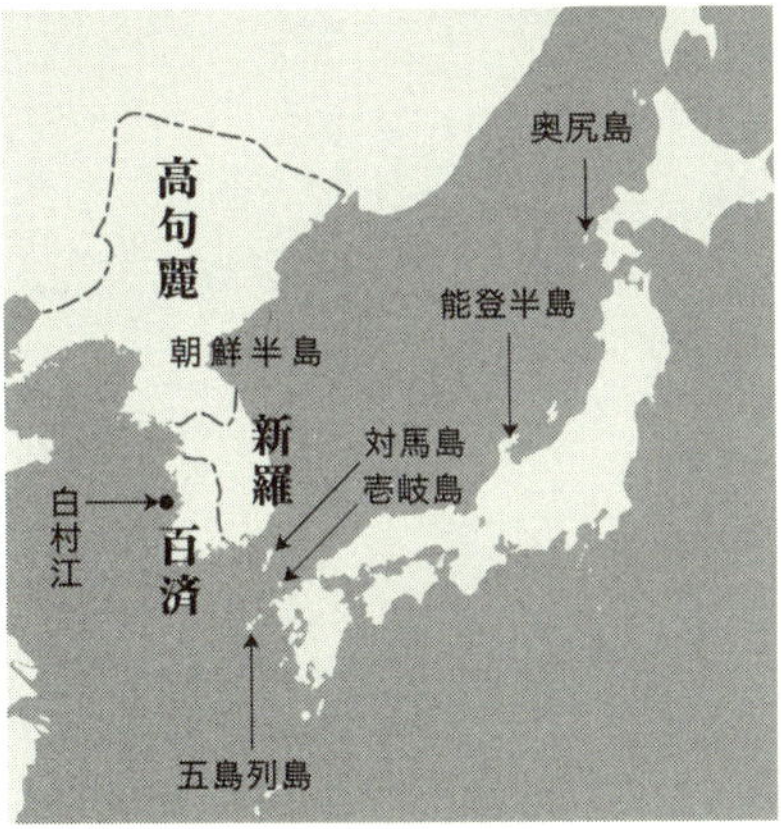

　かつては比羅夫遠征の目的といえば、「帝国」化したヤマトが北の異民族たちを征服するためと考えられていたが、最近では

北海道大学の菊池俊彦名誉教授らが、北回りで中国大陸へ渡る航路を開発するためとの説を掲げ、注目されている。

東アジアは大戦乱時代へ

中国大陸へと渡るには、壱岐・対馬・朝鮮半島経由の比較的安全な海路や、のちの遣唐使が使った長崎の五島列島から一気に東シナ海を西行するルートがある。どうしてわざわざ北へ向かおうとしたのか。

前項で触れたように、当時の東アジアの戦乱が背景にある。

中国では五八九年に、隋《ずい》(4)が実に三五〇年ぶりとなる中華統一を果たした。それまでは内乱が続いていたため、日本を含む周辺の国家や民族は、中国からの外圧や影響をあまり受けずに独自の歴史を歩むことができた。その間、日本では、前方後円墳という独特の祭祀に基づく統治が行われた古墳時代が続いたのも、こうした中国の情勢とリンクしている。

だが、中国の統一によって、隋の視線は周辺諸国へと移った。中華帝国の本質は、「冊《さく》封《ほう》(5)」体制や「朝貢(6)」などの言葉からわかるように、周辺の民族を服属させることで、皇帝の求心力を高める点にある。

隋は、国境を接する朝鮮半島に狙いを定めた。

この時、朝鮮半島は、高句麗、新羅、百済の三つどもえ状態に、ヤマトがかかわっていた。臣従を求める巨大帝国・隋にどう対応するか、それが四カ国の最大の課題となった。

結果として、隋と手を結んだのは新羅(7)で、ヤマト、高句麗、百済は反隋の同盟を結んだ。その後、隋は六一一、六一三、六一四年と三度にわたる大規模な高句麗遠征を実施したのだが、そのために国力を急速に失い、唐(8)にとってかわられた。そして、唐もまた拡張政策を堅持し、高句麗へ圧力をかけた。

こうして七世紀後半、朝鮮半島は一気に「古代の世界大戦」の舞台となる。このような激動の時代の中、比羅夫は船団を組んで北へ向かうのだ。

ここまでの経緯をふまえ、前掲の朝鮮半島の地図を見ると、比羅夫がなぜ北航路を目指したかが見えてくるだろう。

朝鮮半島への航路は、対馬の対岸(現在の韓国・釜山)が敵対する新羅領なので使えない。そのため同盟国の高句麗や百済への新たなルートを開拓する必要があった。斉明天皇は出発にあたって武人の比羅夫に「なんとかして高句麗へたどり着け」と送り出したかもしれない。

もう一人の戦士

比羅夫もまた、国を救う使命感に燃えていたことだろう。だが、実際に船を運用していた乗り手たちには、別の思いがあったようだ。一八〇艘もの船団には、それぞれ一〇人としても二〇〇〇人近い男たちが船員として必要となる。その中に比羅夫と並ぶ、もう一人の主人公がいた。

船団が出発したのは、石川県の能登半島の穏やかな湾、七尾湾の可能性が高い。比羅夫の遠征について、『日本書紀』では到着した地点を秋田、能代（秋田県）、津軽（青森県）、渡島（北海道）と記しているが、出発地については記載がなく不明である。文字資料ではわからないが、考古学の成果によると、飛鳥時代より前の古墳時代前期に、ヤマトが七尾湾に港をおき、富山、新潟に進出する拠点としていたことがわかっている。さらに、『日本書紀』に名前が残されている、遠征で戦死した比羅夫の部下が、能登出身とみられることもそれを裏付ける。

須曾蝦夷穴古墳。南側の海に面して開口する２つの横穴式石室は、東（写真右）の雄穴（おあな）がＴ字形、西の雌穴（めあな）が逆Ｌ字形。石材は周辺の海岸で採れた安山岩。写真：七尾市教育委員会

その男の名は能登臣馬身龍《のとのおみまむたつ》（以下マムタツ）。

能登にはこのマムタツの墓といわれる古墳がある。それが冒頭で言及した、能登島の標高約八〇メートルの丘陵に造られた須曾蝦夷穴古墳である。『日本書紀』の記述と、発掘で判明した造営の時期がほとんど一致することが、マムタツの墓とする説の根拠だ。東西約一九メートル、南北約一七メートルで高さは約四・五メートル。各面が石できれいに飾られている。

内部の構造は特殊で、墓室（石室）の天井がアーチ型になっている。北陸ではここだけにしか見られない特殊なもので、

主に高句麗の古墳で採用されたデザインとされている。なぜ高句麗系のデザインが採用されたのかについては、都のあった飛鳥で最先端のデザインを取り入れたという説や、マムタツやその父祖が高句麗からの移民だったという説などさまざまだが、筆者はマムタツが追い求めながら見果てぬ目的地となった高句麗を、遺族らが死後の世界に造り、その望みをかなえてあげたと考える。

これだけ立派な墓が造られていることと、マムタツが正史に名前を明記されていることから、総司令官の比羅夫を支える、実質上の航海や作戦を指揮する船団のナンバー2だったとみてよいだろう。

この古墳の地こそ船団の出発地だとすると、一八〇艘（三回目は二〇〇艘）もの舟はどこでだれが作ったのだろうか。ヒントはやはり「墓」にあった。

七尾湾のすぐ南にある富山県氷見《ひみ》市で、その担い手、いわば船大工と船長、そして「海兵隊」を兼任する親方衆と考えられる七世紀代の横穴墓群（加納横穴群）が見つかっている。墓は八八基以上もあり、富山では最大規模。彼らは東北へ進出するヤマトの先兵であったと考えられている。ただ、横穴墓というのは崖に穴を穿《うが》つ「洞穴」にすぎず、マムタツの方墳とはその規模と豪華さに雲泥の差がある。あらためて、船団におけるマムタツの重要な地位がうかがえる。

日本海沿岸を襲った大津波

船団は、当時はヤマトの国外で、蝦夷たちの地だった秋田、能代、津軽そして津軽海峡を越えた。おそらく比羅夫の目的が「占領」ではなく「探索」だったためだろう、ここまで、東北の蝦夷たちと大きな戦闘は起きなかった。

武力衝突がおきたのは三年目の六六〇年、北海道の弊賂弁嶋《へろべのしま》(9)。ここにはツングース系のミシハセ族（粛慎《しゅくしん》）が住んでいた。ツングース系は、高句麗のすぐ北にも住んでいる民族である。比羅夫たちは彼らの風貌を見て、「高句麗への入り口にたどり着いた」と勘違いしたのかもしれない。

比羅夫は、道案内を頼んだ蝦夷からミシハセ族の征討を頼まれていた。島に籠ったミシハセ族を攻撃した比羅夫軍だが、前線で戦っていたのか、マムタツが戦死してしまった。多くの越中の男たちも犠牲になったことだろう。正史ではミシハセ族を倒し勝利したことになっているが、実態はわからない。結局、ここが比羅夫の遠征の最北の地となった。

無謀ともいえる大遠征にもかかわらず、能登や越中の男たちが参加した理由はなんだったのか。むろん、単なる「国益」のためではない。

このことを考える重要なピースがある。それはマムタツのふるさとでの地震と津波である。氷見市の海岸に面した崖にある七世紀中頃の脇方《わきがた》横穴墓群を調査した結果、七世紀中頃～末の間になんらかの理由で一度横穴が崩落していることから、大地震もしくは津波の直撃の可能性が指摘されている。これはほかの文献などでは明らかになっていない謎の地震で、もし実際に起きていたとしたらその影響は甚大だったと考えられる。七世紀後半にこの地域の集落跡数が減り、人々が離散したという、各地の発掘調査が明らかにする現象とも、当然、深く関わっているはずだ。ほぼ同時期に起きた大地震と比羅夫の遠征。もし、地震が先に起きていたとすれば、マムタツらは震災を逃れ、新天地を目指したのではないかと、筆者は考える[10]。

二つの穴に眠る夫婦

ところで、マムタツの眠る須曾蝦夷穴古墳は、考古学用語で「双室墳」とよばれるよう

雄穴の石室内部。写真：七尾市教育委員会

に、二つの横穴石室が並んで穿たれており、二つの穴は、雄穴《おあな》、雌穴《めあな》とよばれている。

どちらかにマムタツが眠っていると考えられる。では、もう一方に埋葬されたのはだれか。この頃の埋葬方法から考えると、妻である可能性が高い。こうした状況からすると、次のように推測できる。夫は遠征に失敗、亡骸《なきがら》で戻ってきた。妻は葬祭を取り仕切り、自分がいずれ埋葬されるための石室をあらかじめ造っておいた――。

筆者もかつてはこのように考えていた。だが、地元民が多数参加した大遠征の背景に北陸を襲った大地震があったとすると、全く違う想像が浮かんできた。妻は夫の出航前に震災で死んでいたのではないか。

愛する女を失い、ふるさとを捨てる覚悟をし、同じように地震で家族を亡くした男たちを率いたマムタツだったが、自身が亡骸となって帰国。地元に残った人々は二人の悲しい運命を悼み、波ひとつ立たない静かな七尾湾を見下ろす故郷に、マムタツが目指した高句麗風の永遠の家を造ってあげたのではないか。

六六〇年、唐と新羅の挟撃を受けた百済が滅亡。唐と新羅に対抗すべく、三度目の遠征中だった比羅夫は急遽、飛鳥へよび戻された。その三年後、ヤマトの水軍は、唐の水軍と朝鮮半島の白村江で戦い、壊滅する。

だが、この時比羅夫は新羅へ向かって陸路を進む主力軍を率いていた可能性が高く(11)、白村江で水軍を率いるのは、駿河(静岡県)の豪族だった。もしも、経験豊富なマムタツが健在で、水軍の将であったならば、歴史は変わっていたかもしれない。

歴史の舞台を訪ねて

●**須曾蝦夷穴古墳**〔石川県七尾市能登島須曾町夕部21-5〕
国指定史跡。近くに「蝦夷穴歴史センター」があり、出土品などが展示されている。冬季休館。

●**加納横穴群**〔富山県氷見市加納字蛭子9-1〕
現在の海岸線から1キロほど内陸の丘陵につくられた横穴墓群。当時は海岸線がもっと近かったとみられる。この地区には前方後円墳などもあり、古くから氷見の海民たちの拠点の一つだった。

●**脇方横穴墓群**〔富山県氷見市脇方字丑ヶ端344周辺〕
海に突き出す丘陵の崖に造られた横穴墓群。7世紀頃、地震などによって岩盤が崩落した可能性が指摘されている。1キロ北には国指定史跡の大境（おおざかい）洞窟住居跡（縄文中期〜近世）がある。

（注）

（1）〔594〜661年〕天智・天武天皇の母。史上初めて重祚（ちょうそ）した天皇。1度目（第35代皇極天皇、在位642〜45年）は大化の改新〔乙巳（いっし）の変〕で譲位し、655年に37代斉明天皇に。661年に、百済救援軍派遣のため自らも出陣したが九州で病死した。2010年、真の斉明陵は奈良県明日香村の牽牛子塚（けんごしづか）古墳の可能性が高いと指摘され話題となった。

（2）生没年不詳。7世紀中期の武人。以下『日本書紀』による。1年目（658年）は180艘で、秋田、能代まで到達。秋田の蝦夷を中心に北海道からも蝦夷を招いて大宴会を開き、ヒグマの毛皮をもち帰った。ちなみに、宴会は「饗応」といい、古代においては相手を臣従させる時に用いられた。もっとも蝦夷側は単なる貿易船団からの接待であって、自分たちが支配下に入ったとは思っていなかっただろう。2年目も180艘で、さらに青森の津軽と北海道の南端にまで到達した。3年目は200艘を率い北海道へ渡ると、北海道の蝦夷から「ミシハセ族を倒して欲しい」と頼まれ戦闘。ミシハセ族は敗れたとあるが、捕虜として朝廷に献上していないことから戦果があったかは不明。

（3）古代北陸地方の国名。古志、高志とも。阿倍氏の勢力圏。7世紀末、越前（福井・石川県）・越中（富山県）・越後（新潟県）に分割された。

（4）［581～618年］北周の宰相、楊堅（ようけん）が建国。都は大興（長安）。2代目の煬帝（ようだい）は高句麗遠征などにより人民を酷使したため各地で反乱が起き、臣下に殺された。

（5）中国の漢の時代から始まった統治方法で、皇帝が部下や周辺の諸侯に官位を授けること。

（6）外国の使者などが貢ぎ物を皇帝に差し出し、臣従関係を確認し、かわりにそれ以上の価値のあるものを授けること。

（7）594年、新羅は隋に朝貢し冊封を受けた。

（8）［618～907年］隋の武将、李淵（りえん）が建国。都は長安。日本への影響力は特に強く「唐（から）」は海外の代名詞となった。

（9）場所は不明だが、近年ツングース系の遺物が発見されたことで、奥尻島が比定地に浮上している。

（10）逆に遠征後の地震だとすれば、遠征が3回で終わった理由について、百済滅亡という国際情勢以外にも、越国の復興を優先するためだったことが考えられる。あるいはまた、遠征後の津波などで越国の船が壊滅状態となったため、日本は白村江の戦いにおいてかき集めの船団を組まざるをえず、大敗した可能性も想定できる。

(11) 当時の軍は通常、前・後の2軍、または前・中・後の3軍により編成された。この時は3軍編成で、比羅夫は後軍の将軍であったが『日本書紀』には比羅夫が白村江の戦いに参加していたという記述はなく、陸軍を指揮していたと考えられる。

【参考文献】
木本秀樹編『古代の越中』(高志書院)
菊池俊彦『環オホーツク海古代文化の研究』(北海道大学図書刊行会)
森公章編『日本の時代史3　倭国から日本へ』(吉川弘文館)
『特別展図録　地震・地すべり・火事・洪水』(氷見市立博物館)

七

熱き女帝、斉明天皇

天智天皇、天武天皇の母、斉明《さいめい》天皇。
その生涯は皇子たちに負けず劣らず波瀾万丈であった。
不穏な世界情勢の中、国内では土木工事に励み、
外交では親百済《くだら》政策を取る。
そして百済が滅亡すると、
唐・新羅《しらぎ》との決戦に臨むべく事を起こすのだが――。

土木工事に力を注いだ女帝

飛鳥時代の斉明《さいめい》天皇。

二〇一〇年、奈良県明日香村の牽牛子塚《けんごしづか》古墳の発掘調査で、その被葬者と判明し一躍脚光を浴びた女帝である。

実のところ、彼女が天皇になる可能性はほとんどなかった。あまたいるライバルに打ち勝つほどの血統でなかったためだ。だが、名前しか伝わらない最初の結婚相手高向王《たかむくおう》と別れて舒明《じょめい》天皇と再婚すると、人生は急展開をみせた。夫の死後、ついに最高権力を手中にするのだ。

ただ、息子の中大兄皇子《なかのおおえのおうじ》（天智天皇）が天皇になるまでの中継ぎというイメージが強く、影の薄い存在だった。しかし、実際のところはどうだったろう。

興味深い逸話が『日本書紀』にある。斉明天皇が多くの犠牲を代償に造らせた溝を、飛鳥の人々は「狂心《たぶれこころ》の渠《みぞ》」とよんだというのだ。天皇の正統性を示す正史に「狂っている」とまで書かれるなど評判は芳しくないが、かなりの労働力を調達し土木工事をやり遂げた剛腕政治家だったともいえるのではないか。

事実、飛鳥で近年になって発掘された飛鳥京跡、酒船石《さかふねいし》、亀形石造物、須弥山石《しゅみせんせき》など、有名な遺跡や遺物の多くが、斉明天皇によって造られた可能性が高いとされている。今や歴史学や考古学の世界ではむしろ、壮大な構想と実行力を併せもった人物という見方が強まっているのだ。

幻の〝吉備王国〟の実像

この斉明天皇が、飛鳥から二五〇キロ近く離れた吉備（岡山県）を訪れ、強い指導力を発揮した痕跡が見つかった。いったい、斉明天皇はその地でなにをしたのか。岡山へ向かった。

吉備は、古代の瀬戸内海で最大の勢力だった。旧国名でいえば、備前、備中、備後、美作《みまさか》の四国にわたり、現在の岡山県を中心に、広島県東部にまで広がる。

日本で四番目の大きさを誇る巨大前方後円墳、造山《つくりやま》古墳が存在するなど、畿内をのぞけば、間違いなくナンバーワンの実力をもっていた。

斉明天皇の治世で、この吉備地方と密接にかかわる重大な事件があった。六六〇年の百済滅亡をうけて決定した朝鮮半島への出兵だ(1)。

翌六六一年一月、六八歳の斉明天皇は、息子の中大兄皇子とともに難波宮《なにわのみや》(大阪市)を出発。瀬戸内海の国々に立ち寄りながら兵を集めることになった(2)。

斉明天皇が吉備に立ち寄ったのはこの時だ。古代の地方勢力のリーダーである吉備を納得させられなければ、ほかの地方の豪族も協力を拒む可能性が高い。はたして、その結果は?

吉備の中心部である備中(岡山県)の歴史をあつめた『備中国風土記《びっちゅうのくにふどき》』(3)によると、なんと二万人もの兵が吉備において集結したというのだ。最終的な総動員数は二万七〇〇〇人だから、そのほとんどが大和でも九州でもなく、吉備だったことになる。

六六一年、斉明天皇一行が下道郡《しもつみち》に宿泊した時、家が多く建っている様子を見て、兵士を徴募したところ、二万人が集まった。天皇は喜んで、その土地を「二万郷《にま》」と名付けた。この土地を後にあらためて、「邇摩郷《にま》」といった、と風土記にはある。

邇摩郷があったのは岡山県倉敷市。地図を開くと、高梁川《たかはし》の西岸に上二万・下二万という地名が残っている。風土記が書き留めた「邇摩郷」の最有力候補地だ。

もっとも、小さな邇摩郷だけで二万人も集めたというのは無理がある。現在の二万地区は河口から五、六キロ内陸だが、飛鳥時代の海岸線は二万地区のすぐ南にあり、菅生《すごう》小学校裏山遺跡などの港湾跡の遺跡が見つかっている。また、北には古代の山陽道が走っていたと推定されている。陸路と航路が交わる交通の要衝だった「二万郷」は、兵士たちの集結地だったと考えるのが自然だろう。

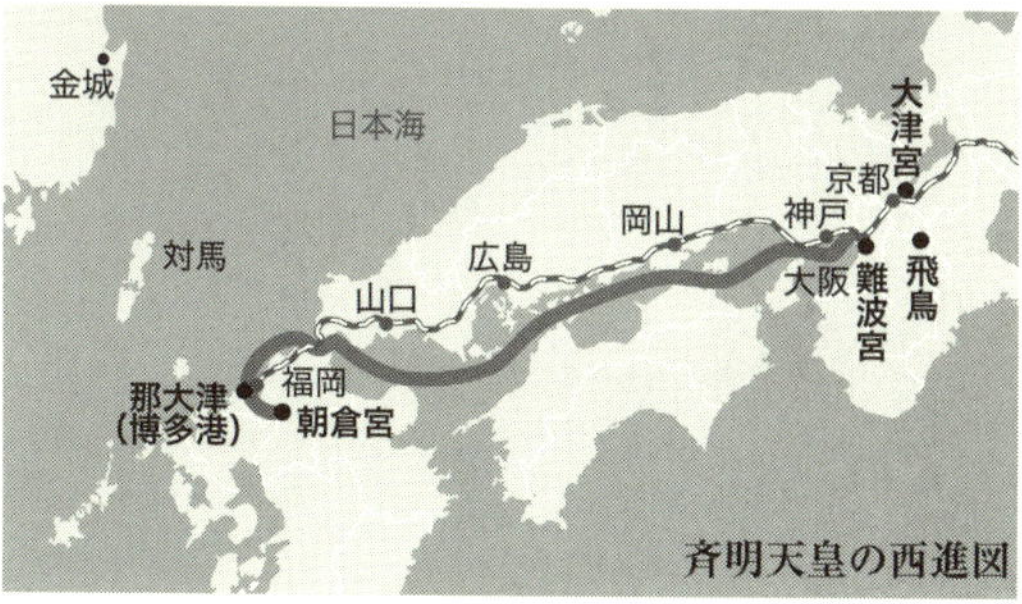

斉明天皇の西進図

もちろん、ただ交通の便がよかっただけでは

造山古墳。斉明天皇の時代から250年程前、400年代前半に築かれた全長360メートルにもおよぶ前方後円墳で、墳丘の全長は全国第4位。写真：岡山市教育委員会

ない。ここがかつての「吉備王国」の足元だったことがさらに重要な理由である。

飛鳥時代以前の日本は、ヤマトの大王（天皇）を対外的には倭王としながらも、実際の地方支配は各地の「王」である豪族にまかせていた。九州北部や出雲などにも「王」がいたように、吉備にも王がいた。邇摩郷より東に一〇キロほどの足守《あしもり》川周辺（岡山市、総社市、倉敷市）に本拠地をおいていた。奈良時代以後も備中の国分寺や国府がおかれるなど、政治の中心地であり続けた重要なエリアだ。

栄華を誇った吉備王国。だが、ヤマトで最初の専制君主といわれる雄略天皇（四〇〇年代後半、53ページ参照）が権力を誇った葛城氏を滅ぼした際に、葛城氏と近かった吉備は反乱を起こすが、逆に返り討ちにあって雄略天皇につぶされてしまった。この

ことを裏付けるように、吉備ではこの時期を境に一〇〇メートルを超えるような大古墳の築造がぴたりと止まる。かなり大規模な粛清が起きたようだ。

だが、雄略天皇の強引な支配がたたったのか、彼の子孫は途絶えてしまう。五〇七年には、雄略天皇の血をひかない越《こし》（福井県）出身の継体天皇が即位して、彼の子孫たちが飛鳥に王朝を開く。斉明天皇は、継体天皇から数えて六代目にあたる。

吉備の復興

継体天皇系の天皇は、吉備の復興に手を貸したふしがある。

五五五、六年には、ヤマト王権を主導した豪族の蘇我氏がわざわざ吉備に出向いて、天皇家の直轄領の白猪屯倉《しらいのみやけ》と児島屯倉を設置している。屯倉の設置は、地方の力をそぐものと考えられがちだが、少なくとも吉備においては、一度、壊滅した地域を復活させる起爆剤になった。

それは畿内にいた渡来人の移住である。正倉院文書からは、邇摩郷に近い賀夜《かや》郡の約二割が渡来人だったことがわかっている。さらに日本最古の製鉄炉跡が五〇〇年代の千引カナクロ谷製鉄遺跡で見つかっている。こうした最先端の技術は渡来人がもっているもので、ヤマト王権の許可と後押しがないと地方への技術移転は不可能だった。

渡来人の技術で、鉄産業の地となった吉備は飛鳥時代に不死鳥のようによみがえった。吉備王の末裔は、ヤマトへのお礼（もちろん服従の意味もあっただろう）として娘を差し出したようだ。

そうした一人と考えられるのが斉明天皇の母の吉備津姫王《きびつひめのおう》である(4)。彼女が吉備の出身と断じられれば話は早いが、残念なことに出自は不明。その名前から、吉備の豪族に育てられた皇女か、あるいは吉備の出身者を父か母にもつ姫と考えたい。娘の斉明天皇にとって吉備は第二の故郷だったのだろう。

山城築城の目的

二万地区から北に約一〇キロの標高四〇〇メートルほどの山の上に有名な鬼ノ城《きのじょう》という遺跡がある。

桃太郎の鬼ヶ島のモデルともされ(5)、史書に登場しないため謎の遺跡といわれていたが、

鬼ノ城遠景。現在も学術調査が続けられている。写真：アフロ

近年になり発掘が行われ、斉明天皇・天智《てんじ》天皇の頃の遺構である可能性が高まってきた。さきに触れた日本最古の製鉄炉跡が見つかったのも、この山の中腹である。

山頂を囲うように、一周二・八キロにわたり高さ七メートルもの土塁と石垣の城壁が築かれていたというから驚きだ。およそ三時間をかけて、城内を一周した。

山を登り切ると、眼に飛び込んでくるのは、復元された西門と「角楼」だ。吉備平野に数多く点在する古墳を見下ろし、瀬戸内海まで見える眺望の良さは、敵に備えるのにふさわしい。西門から南門・東門へと抜けるころ、アップダウンが激しくなる。見学者もまばらになる。

発掘の結果、西門だけでなく、東西南北にはそれぞれ防御に適した構造をもつ門が築かれていたことがわかった。こうした特徴は朝鮮半島に見られる山城と共通する。設計には渡来人がかかわっていたのだ。完成させるには、いったいどれほどの労働力が必要なのか。ある研究ではのべ一七万人と試算されている。

これほど大規模な城を造った理由は何だったのか。これまでは、六六三年の白村江の戦いで日本が唐と新羅の連合軍に敗北したのをきっかけに、連合軍が日本へ侵攻してくることに備えた、とする見方が一般的だった。ところが、建築時に使われた古代の物差しを復元した結果、鬼ノ城の南門が白村江の戦い以前のものであるとする説が出された。この解釈によれば、斉明天皇が築城したとする説に軍配があがる。

斉明天皇が、これほど手間のかかる鬼ノ城を造り上げた目的は、二万の兵たちの練兵にあったのだろう。(6) 日本軍が本格的に海を渡るのは、聖徳太子による短期の遠征をのぞけば(65ページ参照)五〇〇年代前半の継体天皇以来、一五〇年近く途絶えていた。

岡山の一地域に残された邇摩郷の伝承と鬼ノ城。これらはヤマトと吉備が密接にかかわった歴史の記憶と足跡だったのだ。そこには、ヤマト王権に屈服させられた過去の遺恨を捨て去り、協力を惜しまなかった吉備の人々がいたのである。

飛鳥の民に「狂っている」と批判された斉明天皇。六〇歳を優に超えていた老女が戦地に自ら赴き、土木工事を断行しているのは驚異の一言につきる。吉備の人々は、斉明天皇の強烈なまでの熱意に打たれて、工事に参加したのかもしれない。

斉明天皇の人となりを一言でいえば、「地形すら思い通りに変える野心たっぷりな女性」となろうか。自分のやりたいことは徹底的にやる。人の意見には左右されず、我が道を行くタイプだ。独裁者ともいえる遺伝子は、多くの政治改革を行った二人の子の天智天皇・天武天皇にも引き継がれていく。

ヤマトと吉備が再び手を結ぶことで栄光の再現を試みた斉明天皇だったが、六六一年七月、海を渡る前に福岡県で急死してしまう。中大兄皇子は母の遺志をついで開戦に踏み切るが、白村江の戦いで大敗北する。

斉明天皇は、手塩にかけて育てた息子や吉備の兵士たちの行く末を案じたまま亡くなったにちがいない。

歴史の舞台を訪ねて

●**鬼ノ城**〔岡山県総社市奥坂〕
鬼城山（きのじょうざん、標高397メートル）に遺る神籠石（こうごいし）式山城。国指定史跡。

●**造山古墳**〔岡山市北区新庄下〕
天皇陵などに指定されておらず、敷地内に入って見学できる古墳としては日本最大。実際にこの巨大な「山」を見上げ登れば、吉備王の実力のほどが理屈抜きで実感できる。国指定史跡。

●**吉備津彦神社**〔岡山県岡山市北区一宮1043 ☎086（284）0031〕

●**吉備津神社**〔岡山県岡山市北区吉備津931 ☎086（287）4111〕
造山古墳より東およそ5キロにある吉備中山のふもとには、吉備津彦神社と吉備津神社が隣接して鎮座する。吉備王のキビツヒコがまつられており、それぞれ備前国と備中国の一の宮。一の宮とは、平安時代に各国の一番有力な神社に与えられた順位づけ。

（注）
（1）百済は朝鮮半島南西部にあった古代国家。唐と新羅の連合軍に滅ぼされた遺民が復興のために助けを請うと、斉明天皇は人質として日本に滞在していた百済の王子を百済に戻すとともに、出兵を決意した。
（2）当時の日本は、中央から地方へ文書を通達するだけで兵士を動員できる体制にはなかった。高齢の斉明天皇が自ら出陣したのは、天皇が各地の豪族に直接指示しなければ協力が得られないことが予想できたからであろう。

（3）「風土記」はその土地の古老が語り伝えた伝承を、奈良時代になってまとめさせたもの。全国に制作の命が下ったが現存するものはごくわずか。地名の起源伝承を多く載せるという特徴がある。『備中国風土記』は現存せず、逸文が残るのみ。

（4）［?～643年］斉明天皇と孝徳天皇の母。奈良県明日香村には吉備津姫王の墓があり、そばには「猿石」とよばれる石造物がある。

（5）吉備に残る伝承は「温羅（うら）伝説」とよばれるもので、異国の鬼神である百済の王子温羅が吉備にやって来て構えた居城を人々は鬼ノ城とよんで恐れたという。近辺には血吸川、吉備津神社、鯉喰神社など、伝説にゆかりの深い地名や神社が数多く残っている。

（6）築城が練兵に効果的なのは古今東西に多数例がある。古代ローマでは、カエサルの『ガリア戦記』で、ローマの軍団兵が工兵として街道を整備したり橋をかけたりと、日頃から土木と軍事が一体化していたことが知られている。織田信長や豊臣秀吉は兵農分離をしたことが天下統一への重要な要素となったともいわれるが、戦争状態でない時には常備兵を築城などに使うことで、訓練とともに全国でも例のない石垣の城を発展させていった。

【参考文献】

村上幸雄・葛原克人『古代山城・鬼ノ城を歩く』（吉備人出版）
門脇禎二ほか編『古代を考える　吉備』（吉川弘文館）
『鬼ノ城〔展覧会図録〕』（岡山県立博物館）
谷山雅彦『鬼ノ城』（同成社）

八

奈良時代を建てた男
―カリスマ僧行基の真実

日本で初めて庶民救済を行い、
民衆や一〇〇〇名にも及んだ従者を率いて、
数々の土木事業を成し遂げた奈良時代の僧、行基《ぎょうき》。
なぜそれほどに支持されたのか。偉大な業績は本当のことなのか――。
カリスマ僧行基の真実に迫る。

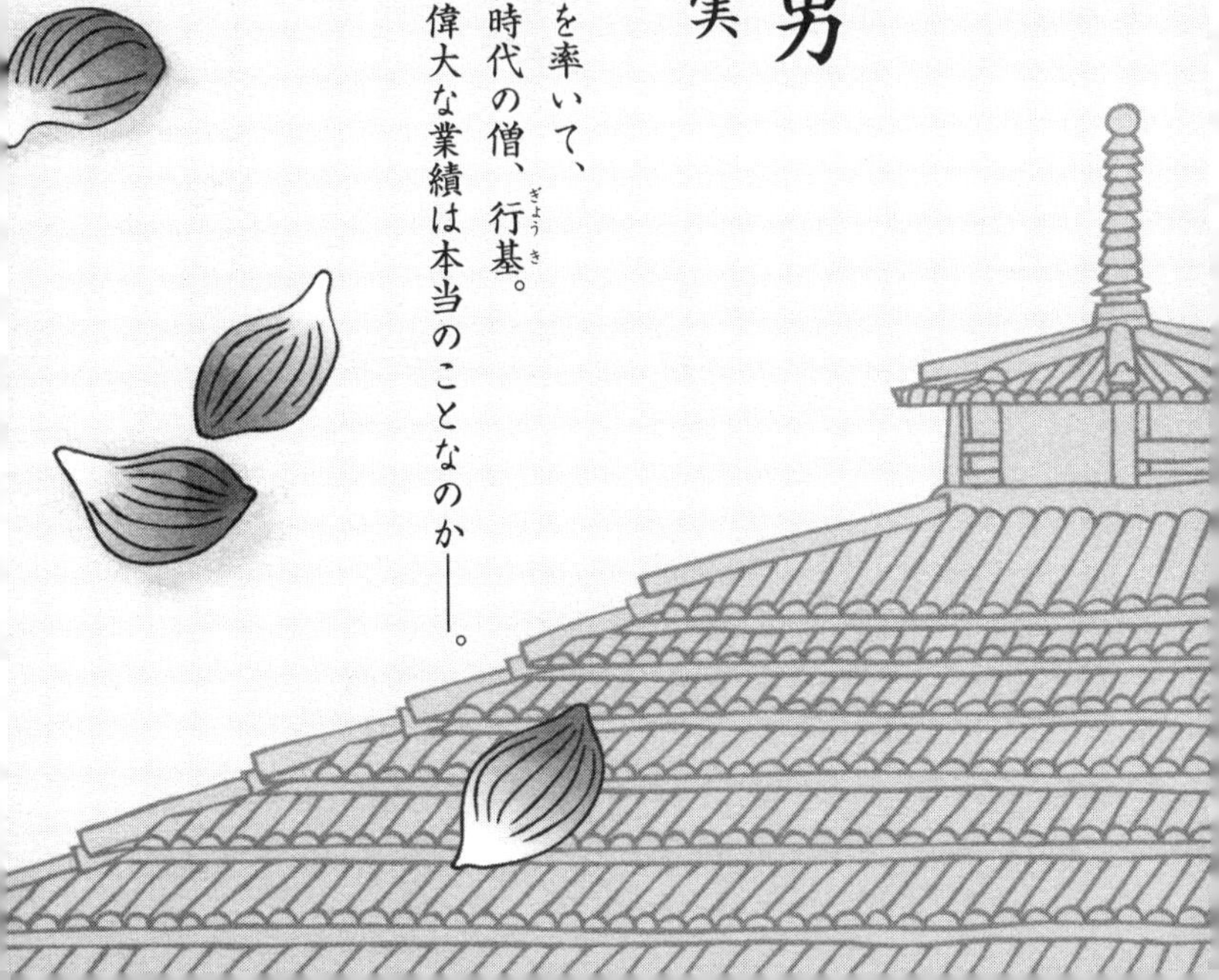

民を救った偉人は〝国家の敵〟

飛鳥時代の公共工事の王は斉明天皇だった。奈良時代では大仏造立や国分寺、繰り返す遷都などを実行した聖武《しょうむ》天皇があげられるだろう。(1) 一方で、壮大な国造り事業を在野の立場で押し進めたのが行基《ぎょうき》(2)である。

六六八年、河内国大鳥郡（後に和泉《いずみ》国、大阪府南部）の家原寺《えばらじ》で生まれた行基は、両親ともに百済系氏族の出身だった。(3) 国家試験を経て、一四歳で受戒《じゅかい》し、山林修行にいそしんだ。

若かりし頃の行基の業績を追いかけようと、生家のあった大阪府堺市の家原寺を訪れた。冷気に満ちた本堂に入り、行基の化身である御本尊の文殊《もんじゅ》様に手を合わせる。

境内を散策すると、行基誕生の碑が立っている。この寺で三七歳を迎えた行基は、それまでの山林修行から社会福祉活動へとシフトした。内面を鍛える修行や哲学といった理念的なものから、実践への変更だった。

「社会福祉活動」とはいっても、その規模はとてつもなく大きい。七一二年、布教活動を実家のある大阪周辺から奈良・平城京へと広げた行基は、「布施屋《ふせや》」とよばれる宿泊施設を九カ所設置し、都を往来する人々に食べ物を与え、休養場所として提供した。当時の納税は、たとえば千葉県に住んでいても都のある奈良県まで自分の足で運ばなくてはならず[4]、道中で行き倒れる民衆も数え切れなかった。行基はこうした人々を救済しようとしたのだ。

　行基の活動は、民衆にとって大変ありがたいことだったが、律令国家の認識は正反対で、行基を危険な存在ととらえた。七一七年、行基が勝手に罪悪を説き、仲間をあつめ、偽って「聖道《しょうどう》」と称し、民衆をあやしい言動でまどわしていると国家が糾弾。仏教界は国家により統制されており、勝手な布教は法律により禁止されていた。行基はその法律を破ったというのだ。集会を開いては、危険な教えを吹き込んでいる——行基は、反体制派の主導者として、国家からマークされ、感謝されるどころか、「小僧」と蔑視される始末だった。

　それでも行基の活動は続いた。人々の暮らしを安定させるためには、橋や道路などのインフラ整備も必要だ。和泉・河内（大阪府南東部）・摂津（大阪府北西部と兵庫県南東部）・山背《やましろ》（京都府南東部）など都の周辺で、行基が築造・修理した数々の土木事業（池一五カ所、溝六カ所、堀四カ所、樋三カ所、道一カ所、橋六カ所、船息《ふなやど》二カ所[5]、布施屋九カ所）が史料に書き残されている。

　こうした事績は大筋が平安時代も末期の一一七五年に編纂された『行基年譜』に基づい

た内容で、行基の業績で華々しい土木事業の部分はほとんどが本書を典拠としている。だが、行基の活躍した時代から四〇〇年もあとにできた史料であり、内容をそのまま鵜呑みにはできないのが実情だった。ましてや行基は信仰の対象でもあった。過大評価されていることも十分ありうる。真実は不明のままだった。

土塔に秘められた偉業

それが近年の研究により一変した。『行基年譜』に記載された行基建立の寺院の一つ、大野寺《おおのじ》の土塔《どとう》の発掘調査である。大野寺は、行基の生家で活動拠点となった家原寺から四キロほど東へ行ったところにあり、伽藍の南東に「土塔」と称される小山のあることが知られていた。

鎌倉時代に描かれた絵巻『行基菩薩行状絵伝《ぎょうきぼさつぎょうじょうえでん》』には、大野寺が描かれているが、その境内に十三重塔が描かれている。土塔は、この十三重塔の遺跡と推察されていたが、確証はなかった。

一九九七年から始まった発掘調査で、土塔から奈良時代に作られた軒瓦が出現、絵巻に描かれた十三重塔であることが確認された。幅五三・一メートル、高さ八・六メートルの十三重塔で、ピラミッドの形をした四角錐《しかくすい》。[6] 土を盛りかため、瓦で装飾されていたが、こうした塔は全国唯一だ。発掘成果を踏まえ、二〇〇九年に「土塔町公園」として整備され、実物大で復元された。瓦葺きの迫力満点なモニュメントだ。仏塔というよりは、土を盛り上げた古墳を連想させる。建物の少ない古代の風景の中では大変目立ち、遠目にも見ることができただろう。

　塔を飾った瓦の出土数はなんと七万枚。そのうち一三〇〇点には文字が書かれていた。文字資料の少ない古代史には貴重な手がかりだ。中でも重要な発見は、「神亀《じんき》四年丁《てい》（卯《ぼう》）年二月（三日起）」の文字だ。これにより、土塔

土塔町公園。土塔の発掘調査後に公園として整備、5年かけて完成した。4面のうち2面の瓦積・瓦葺が復元されている。写真：堺市文化財課

が神亀四年（七二七年）に着工したものと判明し、『行基年譜』に記されている内容と合致し、土塔が行基によって造られたことが立証された。『行基年譜』に書かれた行基の業績は史実だったのだ。

くわえて注目すべきは、瓦に書かれている人名だ。これらを分析すると、僧侶、在家の信者、豪族、そして一般民衆などなど多種多様な階層が見え、出身地も現在の大阪府全般にわたっている。一言でいえば、行基はあらゆる階層の人々のカリスマだった。

〝知識〟集団とは

こうした行基への協力者、賛同者を理解す

るうえでキーワードとなるのが「知識」とよばれる集団だ。「知識」とは仏教用語で、僧侶が教えを説いたことに賛同し、結縁《けちえん》(7)のために私財や労働力を提供する活動仲間のこと。財力のある民衆は金銭的な援助をしたり、そうではない人は労働力を提供したり。こうした個人の信仰に基づく行為にも、行基は支えられていた。行基を支援した「知識」集団は数千人ともいわれていた。

文字瓦を分析した結果、行基を支持する二つの母体があきらかとなっている。第一の層は、仏教へ帰依した一般民衆。行基の主宰した土木事業にかかわることこそ、仏の道への奉仕にほかならない、という信仰心から動いた人々である。「為父」(父のため)といった祈願の瓦の文字が、参加者の目的が親族の追善供養などであったことを物語る。

第二の層は、国司や郡司などの地方役人となった有力氏族らだ。しかし、ここで疑問が生じる。行基は国家から弾圧される立場であり、国家に所属する役人は行基を取り締まる側で両者は敵対するはずだ。それがなぜ行基に味方したのか。

その背景には役人たちの「打算」があった。このことを理解するには、当時の土地制度を理解しなくてはならない。奈良時代の当初、土地の私有は禁止され、支給された土地は一代で国家に没収された。これではその土地が代替わりで荒廃してしまうのも無理はなかった。そこで律令国家は土地政策を大きく転換し、徐々に私有を認め、七四三年には、開墾した土地は永久に私有化してよいとの法律「墾田永年私財法《こんでんえいねんしざいほう》」を発布した。

この法律は国司や郡司など、開発能力のある地方役人にとって大変有利なものだった。農地を開墾する人々を雇用し、土地を開発してしまえば、どんどんと所有を拡大できるからだ。こうした土地の開発に、行基が手掛けた「ため池」などの土木事業は欠かせない。国司や郡司らが行基を支持したのは、自分たちが未開墾の土地を開発するうえで、行基の事業が「役立つ」とみなしたからだ。

東大寺大仏建立へ

大野寺土塔の発掘は、このように数々の新事実を明らかにしたが、そもそもこの巨大なモニュメントは、何のために造られたのだろうか。この謎を解くカギはいくつかある。まず使われた七万枚の瓦だ。瓦は、平城宮や難波宮など当時の都で使われていたものと同じ紋様だった。つまり、この土塔は「国家が公認した塔」だった。行基が「勝手に」建立したわけではなく、国家の協力、もしくは主導があったことになる。

もう一つの手がかりは「土師《はじ》」という人名瓦だ。大野寺土塔からは、世界一面積の広い古墳として有名な大仙《だいせん》古墳（伝・仁徳天皇陵）など古墳が集中している百舌鳥《もず》古墳群が一望できる。ここ堺一帯は、一五〇〇年前頃にヤマト王権の中心地がおかれたともいわれる場所。ヤマト王権の王たちの古墳を造営したのが土師氏[8]だった。古墳の装飾に欠かせない「埴輪《はにわ》」もこの土師氏が作った。

土塔からは史料と一致する人名が記された文字瓦も出土している。神蔵（みわくら）は『大僧正記』に名前が見える。
写真：堺市文化財課

古墳を造るためには、大量の土を積み上げ、固める土木技術を必要とする。建築の知識も必要だし、労働力を編成するための組織力、さらには活動資金も欠かせない。古墳が造られたのは行基の時代からおよそ三〇〇年も前の話になるが、土師氏のような土木技術を継承した経験豊かな人々が協力したからこそ、大野寺土塔は完成できたのだ。文献には、行基は一年で八つもの寺院を造ったともあるが、こうした技術者・実力者が各地の現場で動き、行基の活動を支えていたのだろう。

また塔の中心から「帝天皇の尊霊」と書かれた装飾具が

見つかっており、天皇の御霊を鎮めるとの意味とされる。大野寺土塔は、歴代天皇の霊を鎮めるために造られたのではないか、とも解釈できる。

古墳を築造した土師氏、古墳に埋葬された歴代天皇、その古墳を一望できる立地。こうした点からも、歴代天皇の鎮魂のためとする説は大変魅力的な解釈だ。この説が正しければ、大野寺土塔は、行基の指導の下、土師氏が主体となって、歴代天皇の霊を鎮めるために造った塔ということになる。

国家に協力的な行基の姿があり、国家も瓦を提供するなど、両者が協力関係にあったことが浮かび上がる。宗教家というよりは、その時々の政策を見極め、必要な事業を展開する「政治家」のイメージに近いようだ。それとも、現代ならばＮＰＯなどを運営しながら最後には国の政策も動かす「社会起業家」であろうか。

数々の偉大な業績を成し遂げた行基。あまりに輝かしい偉業から、むしろ半信半疑とされていたが、大野寺土塔の発掘の結果、行基の数々の業績はどれも史実である可能性が高まった。いずれも国家事業ともいうべき大規模なもので、行基を支持した人々があらゆる階層にわたり、またその事業にかける思い（祈り）が多様だったこともわかった。

一方で、国家から危険分子とみなされ国家と対立した行基、というイメージは、修正すべきことも明らかとなった。行基はたくみに地方役人や政権担当者らと提携し事業を遂行させることに成功した。交渉能力の高い人物だったことがうかがわれる。

行基の活動に対して、国家も容認から称賛へと態度を変えていく。七四三年には聖武天皇の援助要請を受けて奈良・東大寺の大仏造立のために勧進し、七四五年には最高位の大僧正《だいそうじょう》(9)に任ぜられた。行基は大仏鋳造中の七四九年、喜光寺《きこうじ》（奈良市）で入滅。時に八二歳だった。

行基は天皇から民衆まで、多くの人々の心をつかみ、数々の土木事業を実行したまぎれもない名僧だったのだ。エネルギー問題、高齢化社会など、困難な課題が山積みである現代社会。こんな時こそ、行基のように数々の偉業を果たしてきた人物から、多くを学ぶことができそうだ。

歴史の舞台を訪ねて

●**家原寺**〔大阪府堺市西区家原寺町1-8-20 ☎072（271）1505〕
行基生誕の地。704年に行基が生家を改めて創建した。

●**大野寺**〔大阪府堺市中区土塔町2167〕

行基が畿内に建立した49院の一つで、現在は土塔山と号する高野山真言宗の寺院。本堂南東に土で造られた仏塔の遺跡「土塔」があり、1953年に国の史跡に指定されている。

●**土塔町公園**〔大阪府堺市中区土塔町2143-1〕
大野寺土塔の発掘調査に基づいて瓦葺・瓦積基壇を復元。立体模型や解説板、発掘調査を再現したコーナーを併設する。

●**喜光寺**〔奈良県奈良市菅原町508 ☎0742(45)4630〕
行基建立49院の一つで721年の創建。創建当初は菅原寺(すがわらでら)と称した。薬師寺唯一の別格本山。

(注)
(1) 仏教を保護し、東大寺のほか、諸国に国分寺・国分尼寺を建立した。
(2) 〔668~749年〕奈良時代の僧。15歳で出家、法相宗(ほっそうしゅう)を学び、諸国を巡って広く民間に布教。民衆とともに多くの土木事業を成し遂げ、行基菩薩とあがめられた。
(3) 百済〔4世紀前半~660年〕は古代朝鮮三国の一つ。行基の父は百済から渡来した学者・王仁(わに)の子孫にあたる高志才智(こしのさいち)、母は蜂田古爾比売(はちだのこにひめ)。
(4) 日本では7世紀後期から、中国の唐にならって律令制による中央集権を推進、租(そ)庸(よう)調(ちょう)の人頭税が導入された。租の稲は各国の正倉(しょうそう)に納めたが、労役のかわりに布などを納めた庸と諸国の産物を納めた調は、人民の代表者が都まで運搬し、往復の食料も負担しなければならなかった。

（5）港のこと。ふなおき、ふなどまり、ふなすえ、とも読む。
（6）四角錐の頂部を切り取ったような形で、土台となる基壇の上に四角の段が12層、円形の段が1層ある。塔頂には多宝塔の上層部のような建物があったと推定されている。
（7）仏法と因縁を結び、未来に成仏するためのきっかけを作ること。
（8）陵墓築造や葬礼執行、土器や埴輪（はにわ）の製作などを担当する土師部（はじべ）を統轄した。
（9）僧尼を統率し諸寺を管理する僧綱（そうごう）の一つで、僧官の最高位。行基が日本で初めて任ぜられた。

【参考文献】
『大阪府立狭山池博物館常設展示案内』（大阪府立狭山池博物館）
吉田靖雄『行基』（ミネルヴァ書房）
吉川真司『聖武天皇と仏都平城京（天皇の歴史02）』（講談社）
『堺の誇り　土塔と行基』（堺市）
『堺の宝　土塔の文字瓦』（堺市）

九

皇后の見えない糸
―長屋王の変

絶大な財力と権力を併せもちながら、
罠に陥《おとしい》れられた男、長屋王《ながやおう》。
天平の世は、その華やかなイメージとは裏腹に、
政争によるある不条理な事件で幕を開けた。
事件の背後には、皇族以外で初めて皇后となった女性の影が仄《ほの》見える――。

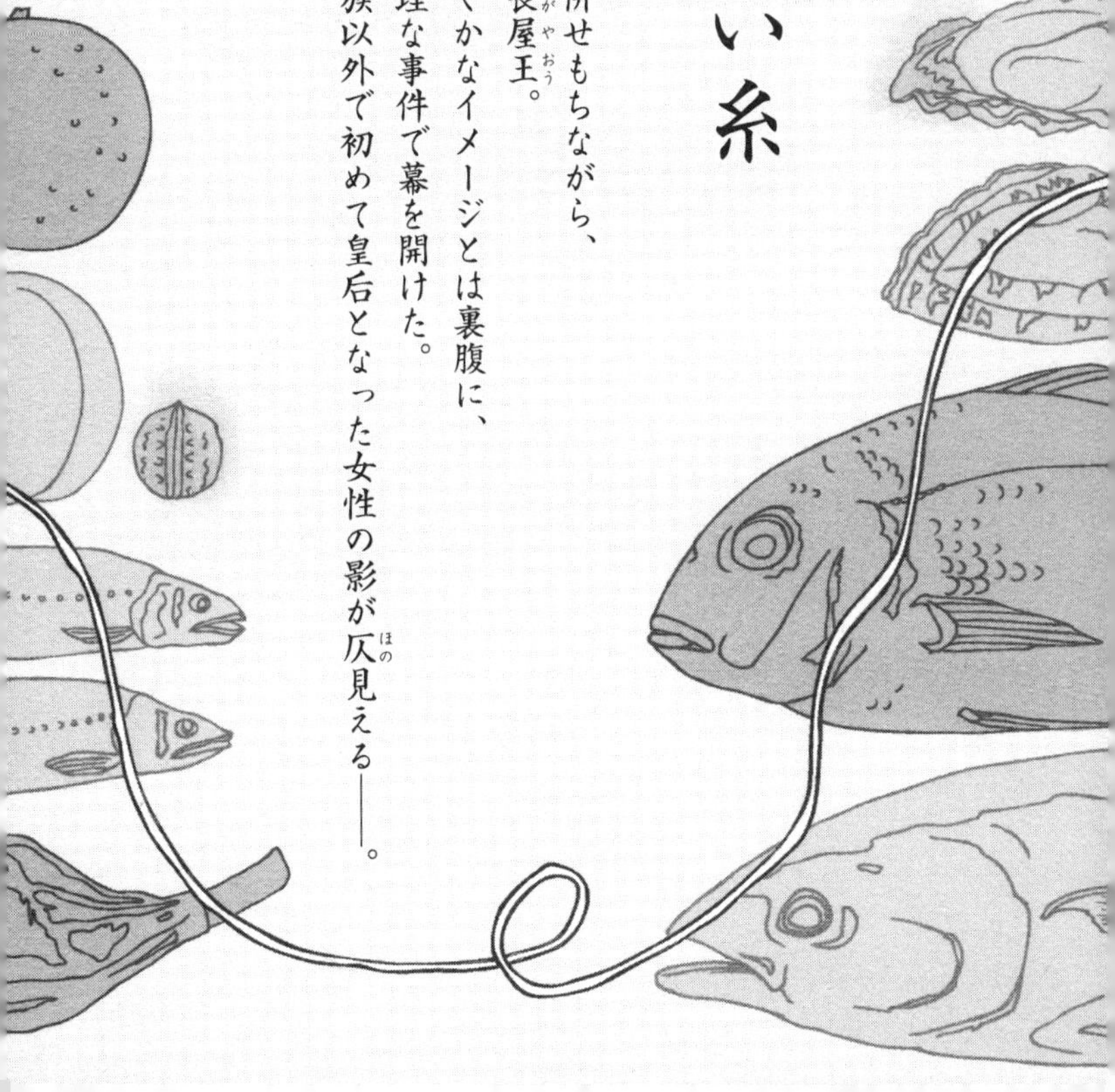

悲劇の王

東アジアの戦乱の真っただ中にあった飛鳥時代が終わり、奈良時代になると、ようやく「戦争」はなくなった。しかし、戦いは「政争」へと移っていった。奈良・平安時代に数多くあった冤罪《えんざい》事件のなかでも、長屋王《ながやおう》(1)の変ほど驚くべき結末と謎に満ちた事件はないだろう。

長屋王は高貴な血筋で、左大臣にまで昇進し、平城京の政界を闊歩《かっぽ》した実力者だ。しかし、七二九年、「長屋王がひそかに呪いの術を用いて国家を滅ぼそうとしている」との密告を受け、自邸を兵にかこまれ自殺に追い込まれた。

この時、妻の吉備内親王《きびのないしんのう》(2)や四人の子供たちも自ら命を絶った。密告から自殺までわずか三日間の出来事だった。実は、長屋王は無罪だったことが死後九年を経過した時に判明した。奈良時代の正史『続日本紀《しょくにほんぎ》』は、長屋王の謀反は「誣告《ぶこく》」つまり密告した証人(3)によるでっち上げだったと書いているのだ。

いったい、長屋王を無実の罪に陥れたのはだれなのか。その理由は何か。改めて考えてみようと、事件の舞台となった奈良を訪れた。

一九九八年、長屋王の素顔に迫る大発見があった。七一〇年から七一七年までの記録が残る、約四万点もの木簡が見つかったのだ。大量の木簡の内容から、出土地点が長屋王の邸宅跡と判明した。

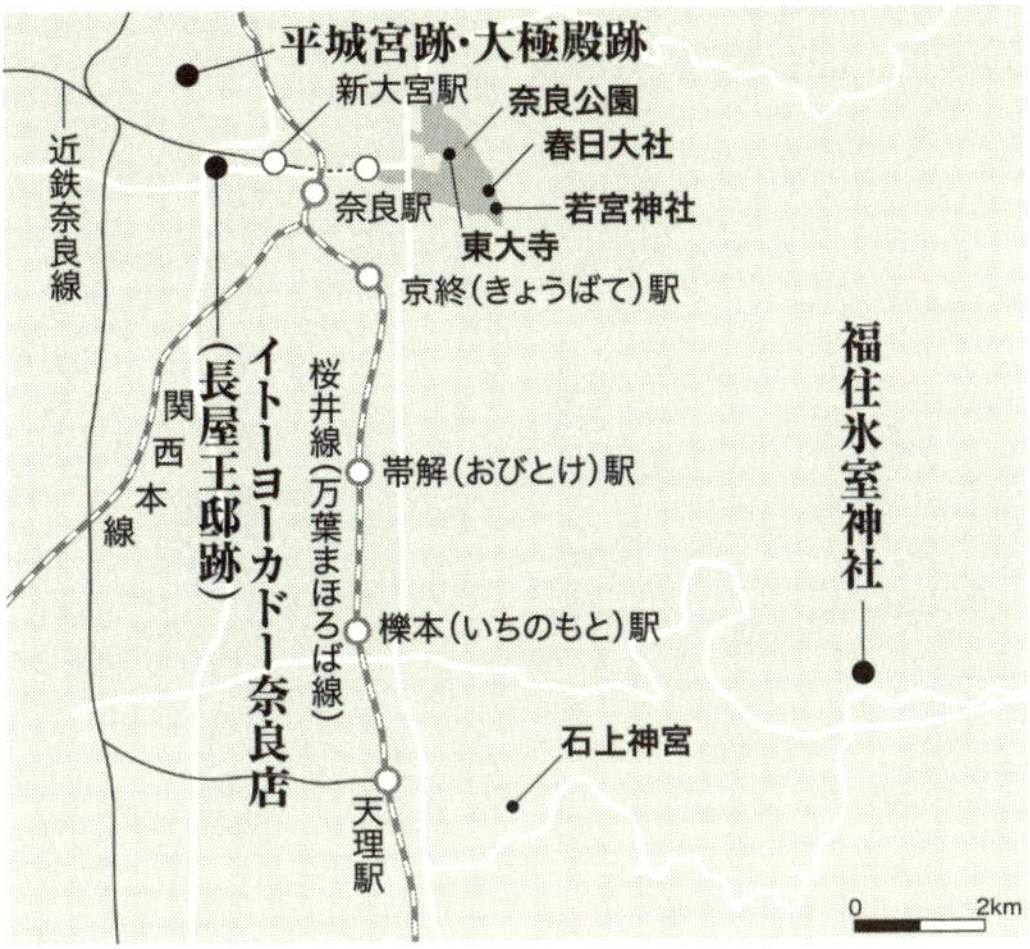

邸宅跡地は、発掘調査後に店舗が建設され、今はイトーヨーカドー奈良店になっている。「長屋王邸跡」との説明碑はあるが、当時の様子を偲ぶことは難しい。邸宅の敷地面積は六万平方メートル、住居の建物も三六〇平方メートルで、天皇の住んだ内裏《だいり》に匹敵する広さを誇った。勤務先である平城宮に隣接し、現在は奈良市役所もある一角で、昔も今も通勤に便利な一等地だ。
近くで聞いてみると、店舗の敷地内に長屋王の霊をまつった社があるという。外見からして、

建てられたのは近年のようだ。静かに手を合わせる。

皇族と藤原氏の暗闘

事件の背後には、藤原氏との対立があった。長屋王は、もともと年長の実力者、藤原不比等《ふひと》に抜擢され、ともに律令制による国造りに尽力した。だが、不比等が死ぬと、血筋だけでなく、才能豊かな長屋王はリーダーシップを発揮するようになる。

当時の天皇は、天武天皇の曾孫の聖武天皇。聖武天皇の母、藤原宮子《みやこ》と聖武天皇の妻、藤原光明子《こうみょうし》はともに不比等の娘だった。問題は聖武天皇の後継者だ。聖武天皇と光明子の間には子供が娘一人しかいなかった。(4) 二人の血統が絶えて、長屋王家が即位すれば、藤原氏とは血縁関係のない天皇が誕生してしまう。こうなっては藤原氏には都合が悪い。

実際、長屋王の一族が即位する可能性は少なくなかった。長屋王は、父方の祖父が天武天皇、母方の祖父が天智天皇である。皇位継承には実力や人柄以前に、血筋が重視されたから、長屋王は天皇になる資格が十分にあったのだ。

さらに長屋王の妻の吉備内親王も引けを取らない。なんといっても兄姉が文武《もんむ》天皇と元正《げんしょう》天皇なのだ。女帝の多かった奈良時代、吉備内親王自身が即位することもありえた。夫婦が即位しなくとも、子供に皇位が継承されていくことは、かなりの高確率と目されていたはずだ。

こうした「最悪の事態」を避けるため、藤原氏は秘策を考えた。聖武天皇と光明子との間に生まれた一人娘の阿倍《あべ》内親王を即位させようというのだ。そのためには、光明子が皇后となる必要があった。劣る血筋を地位で補おうというわけだ。当時、皇后には、藤原氏のような臣下はおろか、皇族であっても、内親王しかなれないのが決まりだったから、異例中の異例(5)である。

この強引な策を実行するうえで、長屋王は邪魔な存在だった。

事件の起こる五年前のことである。聖武天皇は、自分の母であり妻の光明子にとっては姉にあたる藤原宮子に「大夫人《だいぶにん》」(6)という尊称を与えるとの勅を出した。ところが長屋王は法律(律令)の規定に反すると、文句をつけたのだ。結局、聖武天皇は勅を撤回、メンツをつぶされることになった。長屋王としては、藤原氏の躍進を阻止したい気持ちも少なからずあったのだろう。この一件からも、長屋王が光明子を皇后とすることに反対するのは目に見えていた。

解決策は、長屋王に「消えて」もらうしかなかった。そのため、謀反の罪を着せ、自殺に追い込んだのは、不比等の息子たち、武智麻呂《むちまろ》・房前《ふささき》・宇合《うまかい》・麻呂の藤原四兄弟というのが通説となっている。だが藤原氏側にとっても、謀反をでっちあげるリスクは大きい。それでもやらざるを得なかったのは、長屋王の経済力であった。

木簡が明かすセレブ生活

長屋王の力を証明したのが、邸宅跡から出土した大量の木簡である。

たとえば、現代の高級料亭を思わせる食生活。主食はもちろん白米。おかずには鮑《あわび》、鰹《かつお》、海胆《うに》、鮎、鯛、牡蠣《かき》といった豊富な海産物の数々。梨、桃、胡桃《くるみ》などの果物。猪、鹿、雉《きじ》の肉などなど。さらには胡瓜《きゅうり》や茄子の漬けものから、牛乳まで、品目の多さには目を見張る。わずかなおかずで日々を過ごしていた庶民とは段違いといってよい。

贅沢はこれにとどまらない。長屋王は、氷の貯蔵庫「氷室《ひむろ》」までもっていた。氷室は邸宅から二〇キロ近く離れた都祁《つげ》に設置された。今は福住氷室神社が建っている。「都祁宮」と書かれた木簡も出土しており、このあたりには長屋王夫妻の別邸があった可能性が高い。

長屋王 関係系図

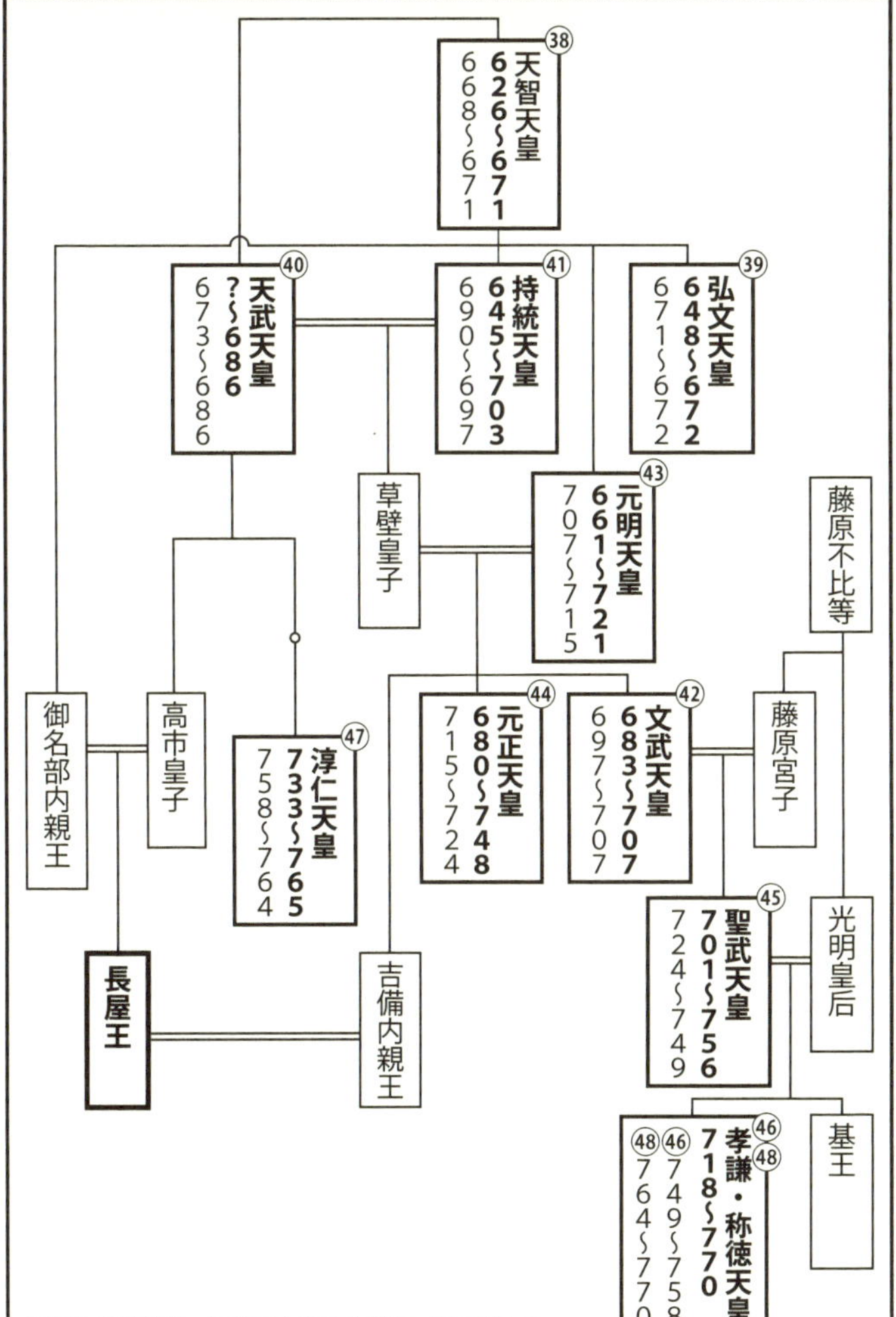

○囲みは歴代数、数字の太字は生没年、細字は在位

氷を保存するだけあって、夏場でも気温が低い避暑地だったのだろう。木簡によれば、氷は溶けないように草で覆われて、馬で迅速に毎日運ばれたという。

長屋王の邸宅では頻繁に歌会が開催され、その場で酒も提供された。冷蔵庫のなかった当時、長屋王とその邸宅に集まる貴族はお酒に氷を浮かべて楽しんだのかもしれない。[7] 長屋王の贅沢な暮らしぶりは貴族間では周知のことだったのだろう。

そもそも氷室は国家が管理するもので、個人の使用する氷室の存在は確認されていなかった。ところが、木簡により、一貴族が氷室を所有していたことが明らかになった。氷室の存在は、長屋王の資産と地位の大きさを示す。

これほど豊かな経済力と地位とをあわせもった長屋王家がひとたび天皇になってしまえば、もう藤原氏といえども太刀打ちできない。藤原氏もある意味で追い込まれていたのだ。だが、首謀者は藤原四兄弟だけだろうか。この冤罪事件には、藤原四兄弟に加えて、長屋王の死後に皇后となった光明子も深くかかわったのではないか。

というのも、謀反人とされた長屋王の膨大な資産は、国家に没収されたが、その後、長屋王邸は光明皇后の手に渡ったというのだ。邸宅跡のそばの道路で発見された木簡には、長屋王邸の跡地に光明皇后の宮（皇后宮）が建てられたと解釈できる内容が記されていた。

長屋王墓。周辺には10基あまりの古墳が点在している。写真：アフロ

光明皇后は、仏教政策に強い関心をもち、庶民の医療機関を設立し慈悲の心をもった人物との定評がある。実際、人徳あふれる人柄だったのかもしれないが、一方で政策や政権争いにも深くかかわった。東大寺の大仏（盧舎那仏）を建立するように聖武天皇に働きかけたのも、聖武天皇の後継者を指名したのも、すべて彼女だ。

光明皇后は公的な銅山である長登《ながのぼり》銅山（山口県）からのアガリを手中にしていたことも、銅山から出土した木簡から判明している。銅山にかぎらず、平城京の不動産をはじめさまざまな利権が、光明皇后のもとに集まっていたのではないか。

真の黒幕はだれか

こうしてみると、長屋王の変によって一番得をしたのは、皇后の地位に就き、長屋王邸を手に入れた光明皇后ということになる。通説では藤原四兄弟の陰謀ということで落ち着いているが、その根拠はといえば、「長屋王の死後に政権を握ったため」という状況証拠でしかない。長屋王の死によって地位と名誉、さらには死後の邸宅まで手に入れた光明皇后にも、動機は十分すぎるほどある。

「長屋王謀反」の密告がもたらされた時、聖武天皇は大した調査もせず密告を信じ、長屋王を自殺へと追い込んでいる。前年にわが子を失ったことから精神的に参っていたとの指摘もあるが、妻が「有罪だ」と耳打ちしたのかもしれない。

だが、天は藤原氏の陰謀を見逃さなかった。四兄弟が長屋王の死から八年後の七三七年に、天然痘（痘瘡）とみられる疫病で次々と死亡したのだ。

からくも生き残った光明皇后だが、立て続けに兄弟四人を失った驚きと悲しみはどれほどだったろうか。

天然痘がウイルスで感染する悪性の流行病だということは今日の医学でははっきりしている。しかし古代人は「長屋王の祟り」によると考えた節がある。

この天然痘の蔓延とほぼ時期を同じくして、興味深い政策が二つ出されている。一つ目は、七三六年から始まった光明皇后による経典の書写事業だ。二つ目は、翌七三七年、長屋王の遺児に位階が授けられたことである。そのため天然痘の蔓延と二つの政策は関連するとの意見がある。

つまりこういうことだ。長屋王の祟りが原因となって天然痘が蔓延した。その長屋王の霊を供養するために、経典が書写され、遺児に名誉回復の叙位がなされた、と。二つの政策は、いわば長屋王への罪滅ぼし、である。

以上の説が正しいとすれば、率先して償いをした光明皇后こそ、冤罪事件の首謀者だったのかもしれない。

長屋王の死後、元号は「天平《てんぴょう》」に改められた。「天王貴平知百年」（大意：聖武天皇の治世は貴く平和で百年つづくであろう）という文字の書かれた亀があらわれ、そのうちの二文字がとられたという。むろん自然と亀に文字が生じるなどということはありえない。おそらくは藤原氏による演出だろう。

天平年間(8)には、東大寺大仏の創建、全国への国分寺創建など、時代を象徴する仏教政策がたくさん行われた。その背後に光明皇后の働きかけがあったことは先に述べた。

しかし、実情は天然痘が蔓延し、多数の犠牲者を出すなど大混乱した時代だった。

物事には陰と陽がある。聖武天皇や光明皇后らが作り上げた華やかな天平文化の陰には、無実の罪で死んだ長屋王の祟りという、「天平」とはほど遠い出来事があったのだ。

歴史の舞台を訪ねて

●**福住氷室神社**〔奈良県天理市福住町1842〕
平安時代の法規集「延喜式」によれば、毎年11月に氷池神祭［氷池（ひいけ）は氷をつくった池］が行われた。神社背後の室山（むろやま）には標高490メートルの地に二つの穴があり、氷室跡とされている。

●**イトーヨーカドー奈良店前**〔奈良県奈良市二条大路南1-3-1〕
かつて長屋王邸だったことを示す碑と、長屋王の霊を鎮める社がある。

●**長屋王墓**〔奈良県生駒郡平群町梨本字前758〕
近くには妻の吉備内親王墓もある。

(注)

(1)[684~729年]父は天武天皇の最年長の皇子であり、壬申の乱で最高司令官を務めた高市(たけち)皇子(太政大臣として天武・持統両天皇を助けた)。母は天智天皇の娘の御名部(みなべ)内親王。妃には藤原不比等の娘、長娥子(ながこ)もいた。内親王とは、天皇の姉妹または皇女のこと。

(2)[?~729年]父は草壁皇子(天武天皇と持統天皇の皇子で皇太子だったが即位せずに死去)、母は元明天皇。

(3)738年、中臣宮処東人(なかとみのみやこのあずまひと)が、かつて長屋王に仕えていた大伴子虫(おおとものこむし)と碁を囲み、激怒した子虫に斬殺されるという事件が起こった。その記述の中で『続日本紀』は東人を、長屋王を誣告した者としている。長屋王の変の直後、東人は無位から外従五位下(げじゅごいげ)の位を授けられた上、食封(じきふ)30戸、田10町が下賜されていた。

(4)2人の間には男女各1人の子供がいたが、生後すぐに異例の皇太子となった皇子の基王(もといおう)は長屋王の変の前年に2歳で死去。皇女の阿倍内親王(後の孝謙天皇)ただ1人が残された。

(5)古代の法律、律令には品位(ほんい)(一品~四品)を帯びる内親王が皇后になると定められている。

(6)天皇の生母を敬う称号。長屋王はこの時あくまでも法律に従って「皇太夫人」とよぶべきだと主張し、聖武天皇もそれを受け入れた。藤原宮子は皇后よりも格の落ちる夫人だったが、のちに彼女の孫であり姪でもある孝謙天皇が「太皇太后」と皇后級に格上げした。

(7)『日本書紀』に氷の用い方として「熱き月に当りて、水酒(みずさけ)に漬(ひた)して用(つかふ)」(仁徳天皇62年)とある。ちなみに、律令には遺体を腐敗させないためか、夏に貴族が亡くなった際は氷を支給するとある。

（8）天平は729～49年だが、その後も天平感宝（かんぽう）（749年）、天平勝宝（しょうほう）（749～57年）、天平宝字（ほうじ）（757～65年）、天平神護（じんご）（765～67年）という元号が続いた。この時期に花開いた貴族・仏教文化を天平文化とよぶ。

【参考文献】
坂上康俊『シリーズ日本古代史4　平城京の時代』（岩波新書）
寺崎保広『長屋王』（吉川弘文館）
渡辺晃宏『平城京一三〇〇年「全検証」』（柏書房）

一〇 仲麻呂は逆賊か
―検証、恵美押勝の乱

七六四年、律令《りつりょう》を基本法に中央集権国家として歩みを進める日本に一つの事件が起きる。官僚トップとして権勢をふるう藤原《ふじわらの》仲《なか》麻《ま》呂《ろ》が前天皇の孝謙《こうけん》上皇と対立、反旗を翻したのだ。なぜ仲麻呂は孝謙に刃向かったのか――。仲麻呂の「反乱」を検証する。

勝ち取った名誉と権力

奈良時代後期、人臣の最高位である太政大臣にまで昇りつめ、栄華を誇りながら、藤原仲麻呂《なかまろ》（七〇六～七六四年）は反乱を起こした。「謀反《むほん》の密告」によって平城京を脱出、近江国《おうみのくに》（滋賀県）へ逃亡したが、高島郡勝野鬼江《かちののおにえ》（滋賀県高島市）で捕らえられて斬首されたのだ。

だが、仲麻呂は本当に「国家の反逆者」だったのか。歴史書を読み返すと、気になる点が多数浮かび上がる。仲麻呂の行動を検証しようと、琵琶湖を半周した。

はじめに、命を落とした鬼江の伝承地「乙女ヶ池」を訪れた。当日はあいにくの大雨だったが、悪天候の中でも釣り人が糸を垂らしていた。昼間にもかかわらず、どんよりとして薄暗い。栄華を極めた仲麻呂は、この地で殺されたのだ。追い詰められて――。

藤原氏といえば、一〇〇〇年の栄華を誇った名門中の名門といえる貴族。だが、鎌足《かまたり》の曾孫の仲麻呂が生まれた七〇〇年頃は、権力を独占するほどには至っていなかった。

しかも仲麻呂の父・武智麻呂《むちまろ》には三人の弟がおり、みな要職についていたが、突如の流行病（天然痘）で四人の兄弟全員が死亡してしまう。当時は「親の七光り」が絶大な効果を発揮した時代である。[1] 親の後ろ盾を失った仲麻呂の前途は暗かった。

しかし、仲麻呂は歴史書に「幼少の時から頭がよくて判断がはやく、聡敏で文章能力にすぐれ、数学も得意としていた」と絶賛されている。次男だった仲麻呂は二八歳で貴族の仲間入りを果たすと、[2] 兄の昇進を追い抜くなど、実力で要職を歴任した。

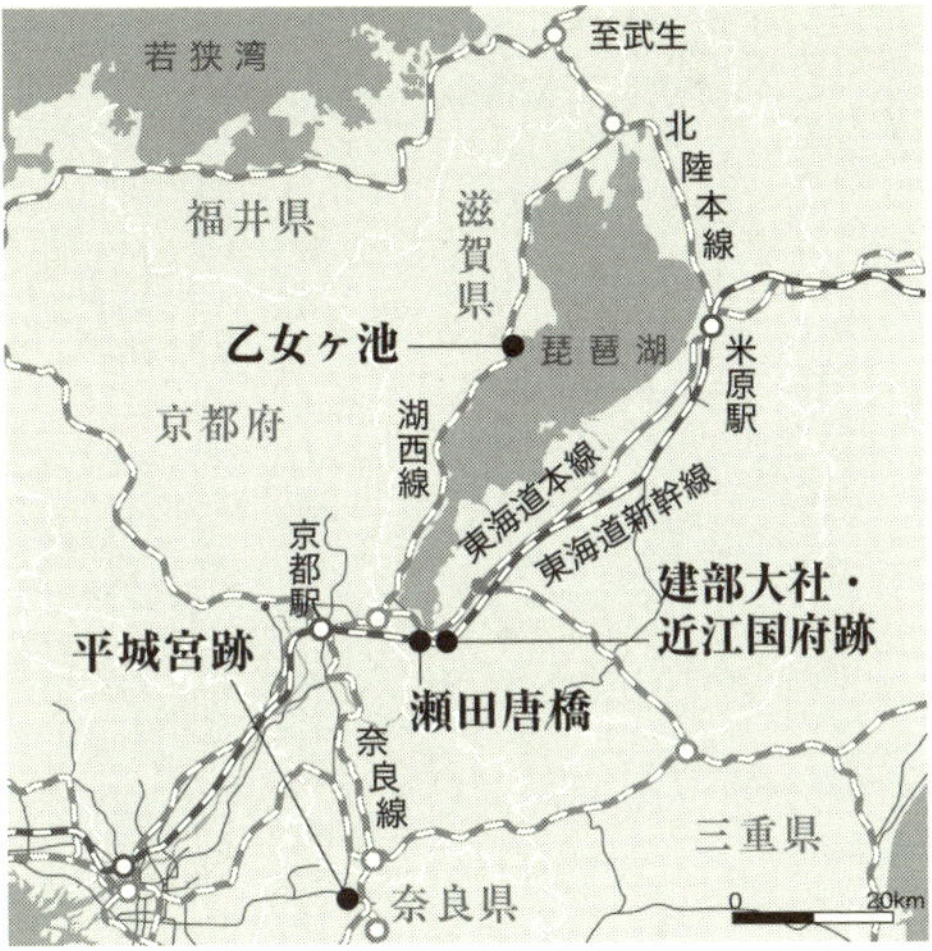

くわえて仲麻呂は「人脈づくり」にも長けていた。当時の政界ナンバーワン、ツーである光《こう》明《みょう》皇太后（七〇一～七六〇年）と孝謙女帝の女性二人から信頼を得た。信頼を得たのは女性ばかりではない。七五八年、孝謙《こうけん》天皇[3]が譲位し即位した淳仁《じゅんにん》天皇は、皇太子時代に仲麻呂の自邸に住んでいた経験をもち、完全に仲麻呂の息のかかった人物だ。こうして、現天皇、前天皇（孝謙）、前々天皇夫人（光明皇太后）の三人の

後ろ盾を得ることに成功した。

仲麻呂の躍進は続いた。淳仁天皇より恵美《えみ》姓と押勝《おしかつ》という中国風の名を賜った。「恵美」という姓は、仲麻呂とその子だけに与えられた特別な称号。実兄を含め、ほかの藤原氏に対して「あなたがた藤原氏とは格がちがうのですよ」と露骨に優越を示した。

揺らぐ栄華

天皇を意のままに操り、最高権力を独占――。仲麻呂が手にすることができなかったのは「天皇になること」くらいではないか。

しかし、状況は一人の僧侶の登場によって一変した。七六〇年、光明皇太后が死去し、支援者の一人を失う。つづく七六二年、孝謙（当時は淳仁へ譲位したので上皇）は僧侶・道鏡《どうきょう》(4)との出会いをきっかけに、仲麻呂を「見捨て」てしまった。

仲麻呂を窮地に陥れた孝謙と道鏡の出会い。その舞台は孝謙が行幸（訪問）した近江の保良宮《ほらのみや》(5)だった。病にかかった孝謙は道鏡に治療してもらい、以後、寵愛するようになった。もっともこれだけなら、仲麻呂と孝謙との信頼関係に決定的な亀裂が走ることはなかっただろう。

決め手は「余計なひと言」だった。淳仁天皇が「上皇さま、道鏡を寵愛するのはいかがなものでしょう」と進言。激怒した孝謙は、「今の天皇は、わたしのことをちっとも敬わない。そればかりかいってはならない大変失礼な言動をする始末。私は出家することにしました。ただし、皇位継承や軍事関連の大事なことは私が行います。あなたは些細なことでもしていなさい」との声明を出したのだ。

道鏡に対する寵愛をいさめた淳仁天皇の発言。この些細ともいえる出来事から、孝謙が権力掌握の動きに出たのだ。孝謙の力が強まることは、とりもなおさず仲麻呂の影響力が弱まることを意味する。仲麻呂の専制体制は大きく揺らぎ始めた。そして、ついに武力衝突が起きたのだ。歴史書『続日本紀《しょくにほんぎ》』をもとに、乱の経緯を追いかけてみよう。

七六四年九月、仲麻呂は「兵の点呼」と偽り各国の兵を集め反乱態勢を固めた。しかし仲麻呂の計画は事前に洩れ、孝謙は先手をうって淳仁天皇の居所にあった天皇の印と鈴とを手中にした。印は天皇のハンコ。鈴は駅鈴のことで、公用で旅行する者に官庁が与えた鈴。ともに政治を行う上での最重要アイテムだ。

仲麻呂軍はすぐさま印と鈴を奪い返したが、孝謙軍も応戦し、戦闘に打ち勝った孝謙側

7〜8世紀の天皇と藤原氏

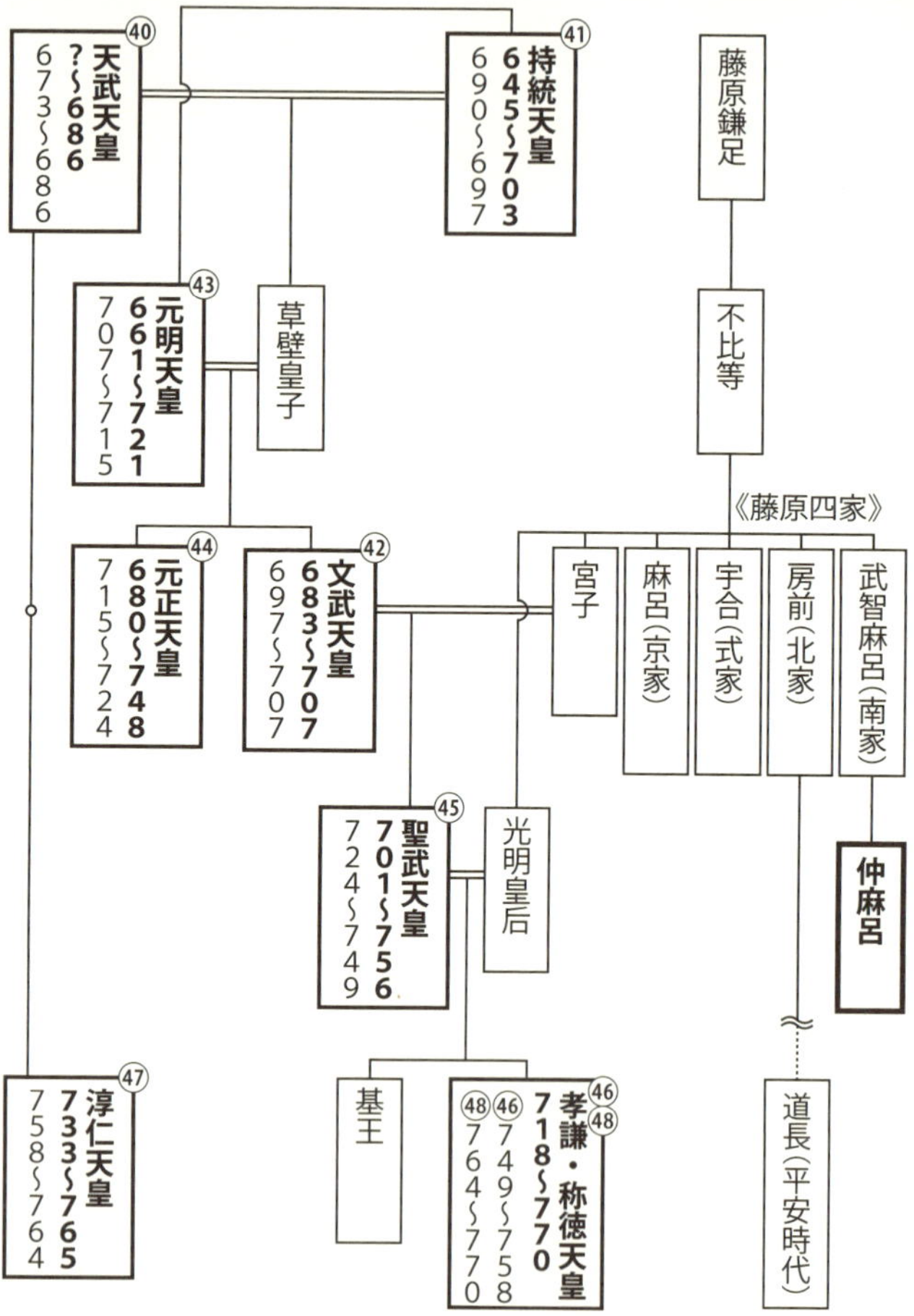

○囲みは歴代数、数字の太字は生没年、細字は在位

が再び印と鈴を手中に収めた。この結果、日和見を決めていた豪族はこぞって孝謙側に味方することを表明。すでにこの段階で仲麻呂の敗北は決まっていた。

　困り果てた仲麻呂は、淳仁天皇が同行することなく平城京を抜け出し、近江国府（6）へ向かった。そのためには、瀬田唐橋《せたのからはし》を渡らなくてはならないが、ここでも孝謙軍は先回りをしており、橋を焼き落とし、仲麻呂軍が近江国府へ入るのを防いだ。

古来の名勝、瀬田唐橋。交通の要衝のため幾度も戦乱の舞台となった。写真：アフロ

　瀬田唐橋は瀬田川にかかる旧東海道の橋で、交通の要衝にある。橋を東にむかって歩いていくと、左手に近江国一の宮の（7）建《たけ》部《べ》大社がある。さらに東へ歩を進めると、仲麻呂の目指した近江国府跡があった。

仲麻呂が近江国府に逃げようとしたのには理由があった。かつて、仲麻呂は近江国の長官として赴任し、国府の建物を主導して建てており、なじみが深かったからだ。

近江国府は近年の発掘調査により建物跡の全貌が明らかになり、全国でもまれな中国・唐の都（長安城）を模したかのような壮麗な建物群だったことが判明している。窮地に立たされた仲麻呂が逃走場所として選んだのもわかる気がした。しかし、瀬田唐橋を渡れず、近江国府に入ることはできなかった。

逃げる仲麻呂軍。今度は越前国府（福井県武生市）を目指して琵琶湖の西岸を北上した。そこに仲麻呂の息子が長官として赴任していたからだ。しかし孝謙軍はまたしても仲麻呂の先を行っていた。すでに越前国府へ攻め入り、長官を殺害していたのだ。そうとは知らずに仲麻呂は越前に向かうが、待ち受けていた孝謙軍にあっさりと蹴散らされてしまう。

窮地に陥った仲麻呂軍は、再び琵琶湖まで戻り、船で越前を目指すが逆風で進めない。来た道を引き返し、高島郡三尾崎《みおのさき》で戦闘になる。連戦連敗、湖上に逃げようとした仲麻呂は水軍にも攻め込まれ、高島郡勝野鬼江で討たれて最期を遂げた。クーデターが起きてから八日間の出来事だった。以上の出来事は仲麻呂（恵美押勝）が反乱を起こしたことから、「恵美押勝の乱」とよばれている。

近江国府跡。築地塀が復元されている。写真：びわこビジターズビューロー

謀略に倒れる

仲麻呂が敗れた理由に、平城京から近江へ逃げたことが挙げられる。仲麻呂は都周辺の軍隊を掌握する役職「都督四畿内三関近江丹波播磨等国兵事使」についたばかりで、その業務の一環である閲兵式も準備していた。そのため、近江へ逃げることなく平城京内で戦っていれば、仲麻呂は圧倒的に有利だったともいわれている。

もう一つの大きな敗因は、近江に逃走した際、淳仁天皇を連れて行かなかったことだ。『続日本紀』には、皇族の「氷上塩焼《ひかみしおやき》を天皇に立てようとした」が、「偽の帝」とされた、とある。当然だ。真の天皇さえ同行していれば正規軍と認められ、他の貴族らが味方に付く可能性もあるからだ。

どうも仲麻呂の行動はあまりにもずさんすぎる。聡明な仲麻呂のことである。反乱を計画していたのであれば、もう少し勝算のある行動がとれたはずだ。

仲麻呂の不可解な行動と、孝謙軍の用意周到さ。この二点から判断すると、仲麻呂が反乱を企てたのではなく、孝謙が先に戦いをしかけたのではないかとさえ思えてくる。仲麻呂は、「はめられた」のではないか。

実際、乱のあと孝謙は、一人を除いて仲麻呂の一族ら三四人を極刑にした。仲麻呂に同道しなかった淳仁天皇も淡路に流され、一年後に怪死。不遇な淳仁のあと、孝謙が重祚《ちょうそ》し（称徳天皇《しょうとく》）、寵愛した道鏡の即位をもくろんだ「道鏡事件」へと発展（１４９ページ参照）。孝謙が仲麻呂・淳仁の二人を消し去り、のちに道鏡即位をもくろんだと考えれば、孝謙（称徳）に仲麻呂・淳仁を殺すべき「動機」があったことになる。

そこで今一度、戦いのきっかけとなった印と鈴の奪い合いの記述を見直してみよう。

歴史書を注意深く読むと、孝謙は淳仁天皇の居所にあった天皇の印と鈴とをまず「収め」、それを仲麻呂が「奪おう」としたとある。しかし、印と鈴はもともと淳仁天皇のところにあったものを孝謙が「奪った」のであり、仲麻呂は淳仁にかわって「取り返そうとした」という表現が正しい、との指摘がある。

乱を記した『続日本紀』は公式の正史で信頼のおける歴史書といわれているが、この記述一つをとってみても、「反乱を起こした悪の仲麻呂が、正規軍である孝謙によって討ち取られた」という考えで貫かれている。歴史は勝者によって描かれる。勝者である孝謙がまさか「はい、わたしがクーデターを起こしました」と書きのこすはずがない。

こうして客観的な立場で一連の記述を読み直していくと、仲麻呂が向かうところにことごとく孝謙軍が待ち受けていたという「不自然さ」も解消される。戦闘を起こしたのは仲麻呂ではなく孝謙と考えられるのだ。

そもそも仲麻呂が兵を招集したことから一連の戦いが始まるが、軍事部門の長官に就任した際の閲兵式がどうして反乱となるのか。この兵の招集に合わせた蜂起計画が反乱の証拠とされているが、蜂起計画が「言いがかり」だったとすれば、仲麻呂が反乱を起こしたという根拠は何一つない。

実は、仲麻呂の乱と経緯の似通った政変がおよそ一〇〇年前にあった。六七二年、大海《おおあ》人《ま》皇子（のちの天武天皇）が大友皇子を倒した壬申《じんしん》の乱だ。(8) 歴史書には、大友に攻められた大海人が「しかたなく」挙兵し、大友を倒したとの記述があり、それがそのまま史実とされていた。しかし近年、最初に挙兵したのは大海人のほうで、用意周到に準備をして大友を打倒したクーデターだったとの見解が優勢になっている。ちなみに、この壬申の乱の舞台となっているのも、瀬田唐橋、琵琶湖西岸で、「恵美押勝の乱」と重なる。これははたして偶然といえるのか。

実際は孝謙がクーデターを起こした――仲麻呂は逆賊ではなかったのだ。

「私は逆賊などではないんだ」

雨の乙女ヶ池からは、仲麻呂の悲痛な魂の叫びが聞こえた気がした。

歴史の舞台を訪ねて

●**乙女ヶ池**〔滋賀県高島市勝野〕

問い合わせ：高島市教育委員会文化財課　☎0740（32）4467

藤原仲麻呂が命を落とした鬼江の伝承地。琵琶湖の内湖の一つ。古代は琵琶湖の入り江で「香取の海」とよばれた。

●**近江国府跡**〔滋賀県大津市大江・三大寺・神領〕

近江国府跡からは国庁跡などの遺構が検出、国の史跡に指定されている。

●**建部大社**〔滋賀県大津市神領1-16-1　☎077（545）0038〕

近江国一の宮として崇敬される。ヤマトタケルとオオナムチをまつる壮麗な一間社流造の本殿・権殿が並列して鎮座する。

●**瀬田の唐橋**〔滋賀県大津市瀬田一丁目〕

瀬田川にかかる日本三名橋の一つで、江戸時代の浮世絵師・歌川広重が近江八景として浮世絵に残している欄干の美しい橋。発掘調査の結果、その下流80メートルの瀬田川川底から飛鳥時代の7世紀以来、四つの時期にわたる橋脚の遺構が見つかっており、その建築工法は朝鮮半島の新羅の王宮に使われた技術と類似している。恵美押勝の乱の際に孝謙軍が焼いた橋は、最も古い遺構から上流15メートルにあった。

〔注〕

（1）皇族や貴族官僚の子孫に一定の位階を授与する「蔭位（おんい）の制」が存在した。

（2）位階の制度の中で、五位以上になることを「貴族」という。仲麻呂はこの時「従五位下」となった。

（3）〔718〜770年〕第46代天皇。聖武天皇の第2皇女。母は光明皇后。恵美押勝の乱後、淳仁天皇を廃して重祚（ちょうそ）し、称徳天皇となった。

（4）〔?〜772年〕奈良時代の僧。称徳（孝謙）天皇に信任されて政界に進出。太政大臣禅師・法王となり、権力をふるい、皇位をねらったが失敗。称徳の死後、左遷された。

（5）759年に造営開始。761年に淳仁天皇と孝謙上皇が行幸したが、その翌年に2人が不仲となり平城京に帰ったため、3年たらずで廃された。推定地の有力候補の石山国分遺跡〔滋賀県大津市〕からは大型の建物や道路跡などが見つかっている。

（6）律令制で、国ごとにおかれた地方行政府を国府という。
（7）平安時代において、各国の最も社格が高いとされた神社のこと。
（8）672年、天智天皇の没後に弟の大海人皇子と天皇の長子である大友皇子が皇位継承を争った内乱。大海人は隠棲していた吉野で挙兵し、東国の兵を動員、1カ月後に大津宮で大友を自殺に追い込んだ。

［参考文献］
木本好信『藤原仲麻呂』（ミネルヴァ書房）
岸俊男『藤原仲麻呂』（吉川弘文館）
平井美典『藤原仲麻呂がつくった壮麗な国庁　近江国府』（新泉社）
『地中からの贈りもの　遺跡が語る大津』（大津市歴史博物館）
倉本一宏『壬申の乱』（吉川弘文館）

二
「道鏡事件」の舞台裏

天皇家断絶の危機の一つ「道鏡《どうきょう》事件」。
宇佐神宮から称徳《しょうとく》天皇へもたらされた、
道鏡が皇位につけば天下太平になるという神託。
その確認に使わされた和気清麻呂《わけのきよまろ》は、それを否定する。
なぜ清麻呂は天皇の期待に反する答えをもち帰ったのか。
事件の舞台裏に浮かび上がった、その鍵を握る人物とは――。

「天皇位を道鏡に譲れ」の衝撃

現在まで、少なくとも一五〇〇年以上続いている天皇家(1)。世界最長の皇統を誇る天皇家の存続を揺るがす最大の危機が奈良時代に起きた。それは僧侶が天皇になる寸前にまで至った一大スキャンダル「道鏡事件《どうきょうじけん》」だ。

道鏡は河内（大阪府）出身の僧侶で、称徳《しょうとく》天皇に寵愛され、皇位に限りなく近い法王にまで上り詰めて権勢をきわめたが、称徳の死後、下野薬師寺《しもつけやくしじ》（栃木県）に左遷され死没した。

皇位を簒奪《さんだつ》しようとしたことで悪僧として有名な道鏡。だが、その即位を最も強く望んだのは道鏡自身ではなく、時の女帝・称徳天皇であった。

称徳が道鏡の即位を企てた理由には後継者問題があった。

称徳は男子が生まれるまでは天皇候補の筆頭と決められ、弟の基王《もとい》が誕生するも夭折、ずるずると婚期を逃して即位した。実子を望もうにも事件当時はすでに五一歳。また、聖武の直系以外の皇位継承者たちは、暗殺、不審死、スキャンダル、病死などで、次々と表舞台から消えていた。そこで称徳が「後継者」として指名したのが、道鏡だったのだ。

最高権力者の後押しがあったにもかかわらず、道鏡はなぜ即位できなかったのか。そして、道鏡の即位を阻止した真の「英雄」はだれなのか。

「高僧の道鏡を天皇にすれば、天下は太平になるだろう」

七六九年九月、道鏡事件は、奈良の都から遠く離れた豊前国一の宮の宇佐《うさ》神宮（大分県宇佐市）のお告げではじまった。宇佐神宮は、数ある神社信仰の中でも、最も普及した八幡信仰の総本宮でもある。

伝えたのは大宰府《だざいふ》（福岡県）に駐在する神官だった。

宮中は騒然となった。称徳天皇は神の真意を再確認するため、腹心の和気清麻呂《わけのきよまろ》（七三三～七九九年）を宇佐まで派遣した。

「夢に八幡神（宇佐神宮の祭神）の使いがあらわ

れ、お前の姉の尼・法均《ほうきん》（和気広虫《わけのひろむし》）を使わせるようにといってきた。姉の代わりにお前が行ってきなさい」

称徳はこのように命じた。称徳の本心が道鏡に皇位を譲ることにあるのは、腹心の清麻呂にはよくわかっていた。そうでなければ、これほど大胆で不遜な神託がわざわざ届けられるはずがない。神託を最初に伝えた神官は、主神《かんづかさ》という正七位下相当の低い地位だった。称徳と道鏡は有力貴族の息のかかっていない下級役人を選んだのだろう。

一方の次期天皇に指名された道鏡は興奮を隠せなかった。出発前の清麻呂に、「神は私の即位のことを告げるだろう。うまくとりなせば、おまえを大臣にしてやってもいいのだよ」と念を押した。

道鏡と称徳の期待、それに臣下の不安。さまざまな思惑を一身に背負った清麻呂は宇佐にたどり着いた。

宇佐の神は清麻呂にこう告げた。

「わが国が誕生してから、天皇と臣下の序列は決まっている。臣下が天皇になることは今まで一度もなかった。跡継ぎには必ず皇族をつけなさい。道に外れた人はすぐ排除するように」

事件のクライマックスの現場を確かめてみようと、宇佐神宮まで足を運んだ。
参道入り口では、何百台も収容できる神宮専用の巨大駐車場が目に飛び込む。平日の割には人出が多い。ここは今も昔も神のお告げを頼って、参拝者が訪れる聖地なのだ。特に若い女性が目に付いたが、最近流行のパワースポットとしても注目されているらしい。

大手濠沿いに、皇居を見守るように建つ和気清麻呂像。

本殿は上宮・下宮に分かれており、両宮を参拝するのが基本である。片方だけでは「片参り」となってご利益も半減してしまうからだ。

だが、天皇家を救った神託が授けられたのはこの両宮ではなく、一つ道路を隔てた摂社・大尾《おお》神社なのだという。宇佐神宮とはうってかわって、人気《ひとけ》もなくさみしい境内である。苔で足が滑りそうな参道の階段には、前夜の大雨で草や木の枝が倒れており、行き先をふさいでいる。

宇佐神宮に隣接しているとはいえ、歩いて一五分ほどかかるため、わざわざ足を延ばす参拝者も少ないようだ。ここで、清麻呂は運命的なお告げを受けたのだ。

称徳や道鏡にとって、この展開は想定外だったろう。神のお告げとは形式ばかりであり、実際は道鏡への譲位を確認するための演出にすぎなかったのだから。それが腹心の清麻呂の「裏切り」によって、ご破算となってしまったのだ。

こうして天皇みずからが企てた空前絶後のクーデターは、側近中の側近によって阻まれ、天皇家の「断絶」は未遂となった。

むろん、想定外の清麻呂の報告を聞いた称徳は激怒する。姓名を「別部穢麻呂《わけべのきたなまろ》」と改名させ、姉の法均も強制的に還俗の上、名を広虫売《ひろむしめ》に変えさせたあげく、姉弟を流刑処分とした。

以上が「道鏡事件」の顚末である。

女帝が望んだ僧侶への禅譲

清麻呂を処罰した経緯を考えれば、道鏡の即位を時の最高権力者・称徳天皇が望んでいたことはハッキリしている。

では、なぜ和気清麻呂は称徳や道鏡の意にそわないような「神託」をもたらしたのだろうか、という素朴な疑問が生じる。

通説では、清麻呂自身が皇統を護りたいという忠誠心のために独自の判断によって神託を偽った、とする。

はたしてそうだろうか。たしかに天皇家からみれば、和気清麻呂は皇統を護った英雄である。東京の皇居北東には和気清麻呂像が建っており、託宣のあった大尾神社に隣接する護皇《ごおう》神社など全国には清麻呂をまつる神社があまたある。だが、この時の最大の権力者は女帝・称徳。かつて淳仁《じゅんにん》天皇に譲位しておきながら、気に入らないからと無理やり権力を奪い退位させた剛腕の持ち主である。

清麻呂が道鏡への譲位を阻止した立役者であることはまちがいないが、和気氏のような小豪族がこうした重大決定を独断でなしたとはとうてい考えがたい。清麻呂の背後には歴史の表に出ない大物が存在するのではないか。

実際、『続日本紀』には、その存在を匂わす記述がある。「清麻呂らと共謀したものがいるのは知っているが、天皇は慈しみをもって天下を治めるのだから、今回は免罪する。清麻呂らと共謀したものたちは心を改めよ」と称徳が発言している。名前こそ書かれていないが、共謀者が存在したという。

この仮説の答えを導きだすために、「道鏡が即位しなかったことでだれが一番得をしたのか」という観点で天皇家の系図を眺めてみた。すると一人の男が浮かんできた。翌七七〇年の称徳の死を受けて、六二歳で即位した光仁《こうにん》天皇である。光仁こそ、道鏡事件を阻止した真の「英雄」だったのではないだろうか。

光仁天皇をめぐる三つの疑問

光仁天皇。あまりなじみがないかもしれないが、平安京へ遷都した桓武天皇の父にあたる人物である。

光仁は歴史研究者の間でも称徳や桓武に比べてあまり注目されてこなかった。政治を実際に運営したのは藤原氏であって、光仁は傀儡《かいらい》のような存在だった、とするのが一般的な評価である。それは光仁が高齢で温厚な人物だったという『続日本紀』の記述に基づいている。

天皇系図38〜50代

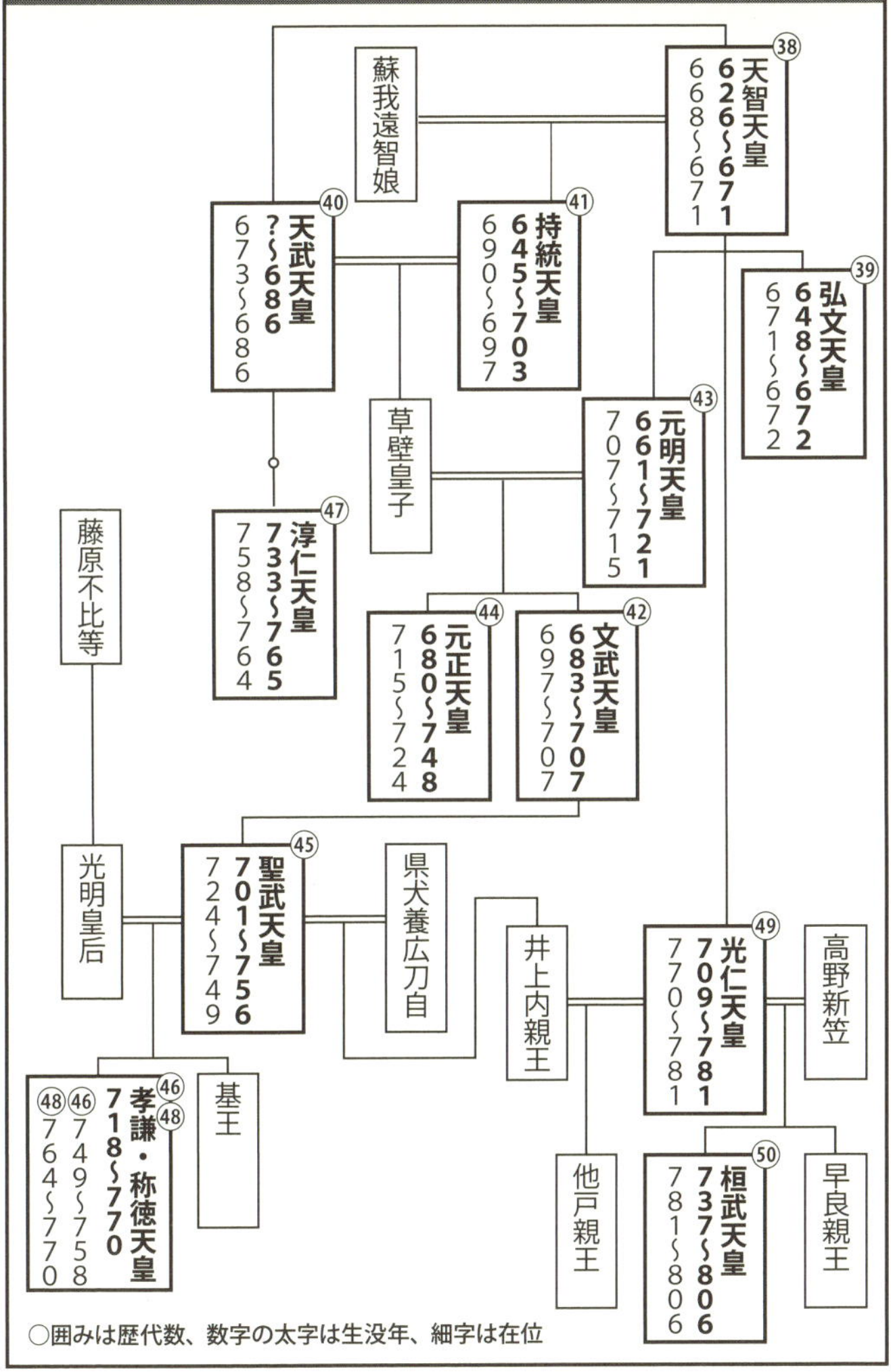

㊳天智天皇 626〜671 668〜671
蘇我遠智娘
㊵天武天皇 ?〜686 673〜686
㊶持統天皇 645〜703 690〜697
㊴弘文天皇 648〜672 671〜672
㊸元明天皇 661〜721 707〜715
草壁皇子
㊼淳仁天皇 733〜765 758〜764
藤原不比等
㊹元正天皇 680〜748 715〜724
㊷文武天皇 683〜707 697〜707
光明皇后
㊺聖武天皇 701〜756 724〜749
県犬養広刀自
井上内親王
㊾光仁天皇 709〜781 770〜781
高野新笠
㊻㊽孝謙・称徳天皇 718〜770 ㊻749〜758 ㊽764〜770
基王
他戸親王
㊿桓武天皇 737〜806 781〜806
早良親王
○囲みは歴代数、数字の太字は生没年、細字は在位

しかし光仁の即位事情を見てみると、本当に温厚な人物だったのか、と疑いの目を向けたくなる。その理由は次の三点だ。

①史上最高齢の六二歳で即位したこと。

②まったく皇位継承の候補になかったが、突如即位できたこと。

③即位後に、皇后（正妻）や皇太子（次期天皇候補）の身分を廃し死に追いやったこと。

①は現在よりも平均寿命が短かっただろう古代にもかかわらず、史上最高齢での即位というのは、やはり何か特殊な事情があったことを匂わせる。

②については、天武天皇の血統が即位した奈良時代において、天智系の光仁即位はあきらかに異質だった。

とくに注目すべきは③に示した光仁の冷酷さだ。天智の血を引いた光仁は、天武の血統を主流とした当時からすれば、あきらかに即位の対象外。なかなか即位できる立場ではなかった。

にもかかわらず、大抜擢されたのは、皇后の井上《いがみ》が天武の玄孫であったことによる。光仁は皇后の井上に血統でのマイナス面を補ってもらい、即位にまでこぎつけたのである。

だが、即位してわずか一年後、井上皇后は夫の光仁を呪い殺そうとした疑いで、皇太子の他戸《おさべ》親王とともに身分を剝奪されている。

この事件は冤罪であった可能性がきわめて高い。二人は幽閉された末、同日に逝去。二人が病気で同日に死ぬことは考えにくいから、これは暗殺されたとみてまちがいないだろう。死後、井上・他戸母子は怨霊となって光仁・桓武父子を苦しめたという。二人が幽閉され死亡した御霊神社のあった奈良県五條市には怨霊をしずめる神社が現在も二〇社ほどある。

光仁が皇后殺しの主犯かどうかは証拠がないものの、事件に関与していた可能性はきわめて高い。

温厚な人物が、六〇歳すぎになってこれまで苦楽を共にしてきた妻と子の身分を剝奪し、奈良の片田舎に幽閉、さらに暗殺にまで手を染めるだろうか。どうも史書の描く人物像と実際の光仁の行動とには隔たりがあるようだ。

通説では藤原氏が背後にいたから光仁は即位できたとするが、当時の藤原氏は本流の藤原仲麻呂が反乱を起こしており（前項参照）、藤原氏の権威は弱まっていた。実際、光仁の即位や皇后らの暗殺は藤原氏が主導したと考えられているが、光仁や桓武の周囲にいた藤原氏の中にも、さしたる大物はいなかった。のちに桓武天皇が専制政治を敷けたのは、藤原氏の力が強かったからではなく、むしろ突出した臣下がいなかったためともいわれるが、同じことは光仁にもあてはまる。

光仁は道鏡事件の際にも政治を動かすだけの権力をもっていたと考えるのが妥当ではないか。だとすれば、道鏡事件のもう一方の主役は光仁だったとしても何らおかしくはない。

わずかだが、光仁説の状況証拠もある。

実行役の清麻呂は、備前（岡山県）出身の地方の小豪族だった。当時は血縁がよくないと出世が絶望的だった時代である。そのままでは大した昇進をすることもなく生涯を終えることは目に見えていた。ところが、道鏡事件により一度は流刑に処されるものの、称徳没後に光仁が即位すると、罪を許され、着々と昇進。最終的には従三位という貴族の中でも相当に高い位を獲得している。

「それは皇統を守ったのだから当然」と現代人なら容易に考えがちだが、当時は正史に、偽の神託を捏造して天皇に嘘をついた犯罪者として記録された人物である。大逆の罪は、天皇が代わったからといって簡単に消せるものではない。

これだけのハイリスクを負いながら、清麻呂は見事に人生と歴史の勝者となった。ここ宇佐の大尾神社にご利益があることは歴史が証明しているといえよう。しかし、清麻呂は神のお告げに頼るだけでなく、勝機をものにするだけの決断力と勇気を兼ね備えた人物だったのだ。

大尾神社を参拝した時に、神のお告げこそなかったが、胸がしめつけられる感覚に陥った。その強すぎるご利益を受け入れられるほどには、筆者自身の度量はまだ大きくないようだ。

また参拝しよう。そう心に誓って、雨に濡れた宇佐を後にした。

歴史の舞台を訪ねて

●**宇佐神宮／大尾神社**〔大分県宇佐市大字南宇佐2859　☎0978（37）0001〕

八幡大神（はちまんおおかみ）を祭神として奈良時代に大きく飛躍した神社。

●**下野薬師寺跡**〔栃木県下野市薬師寺1635〕

飛鳥時代後半に成立。受戒の儀式を行える「戒壇」（かいだん）をもつ寺院として、東国での仏教政策に重要な役割を果たした。下野薬師寺跡に隣接して「下野薬師寺歴史館」があり、出土した遺物や復原模型などを見ることができる。

〈注〉

(1) 実在する最古の天皇がだれなのか諸説あるが、天皇家の血統は1500年前に即位した第26代継体天皇まで、確実にさかのぼれるというのが通説である。

【参考文献】

宇治谷孟訳『続日本紀　全現代語訳』下(講談社学術文庫)
千田稔『平城京遷都　女帝・皇后と「ヤマトの時代」』(中公新書)
平野邦雄『和気清麻呂』(吉川弘文館)
横田健一『道鏡』(吉川弘文館)
根本誠二『天平期の僧侶と天皇　僧道鏡試論』(岩田書院)
栄原永遠男編『古代の人物3　平城京の落日』(清文堂出版)

一二

政治家・大伴家持の暗躍

奈良時代を代表する歌人・大伴家持《おおとものやかもち》。

しかしもともと武門の家柄であり、れっきとした軍人、政治家であった。その後半生は、いくつかの政争に関与したとされ、最晩年には要人暗殺の黒幕となるなど、優雅な万葉歌人のイメージとはまったく異なる。政治家・家持の心のうちを、その任地である越中、因幡、多賀城で探った――。

万葉歌人が見た北国の風景

眼下に広がる青い海と雄大な立山連峰の山々――。

全国各地にある国府の中でも随一の景観を誇るのが越中国府（富山県）であろう。七四六年、二九歳の青年貴族が国司の守《かみ》（長官）として着任した。奈良時代を代表する万葉歌人の大伴家持《おおとものやかもち》である。四千五百首余の歌を掲載する『万葉集』のうち、家持の歌は一割強にあたる四七三首を載せる。さらに越中で歌ったものが二二三首と半数近くを占める。地方長官として多忙な日々を送ったはずの家持がなぜこれほどたくさんの歌を作ったのだろうか。

高台に立つ国司館跡を訪ねた。現在、高岡市伏木気象資料館となっており、周囲は現代的な町並みだ。だが遠くに視線を送ると、静かな富山湾が、その先には立山連峰が屏風のようにそびえる雄大な景色が広がる。

家持は勤務地の前に広がる絶景に日々触れ、次々と壮大かつ繊細な歌を作り上げていったことを実感した。家持が赴任したのは、ちょうど、聖武天皇が東大寺の大仏の造立計画

を発表した時期にあたる。

当時の越中国は、能登半島（石川県北部）を含む大きな国だった(1)。そこへ年齢も若く、地方勤務の経験もない家持が抜擢されたのはなぜか。

二つの理由がある。

一つは、名門大伴氏の嫡男であるということ。もう一つは、東大寺の大仏造立という大プロジェクトの資金集めという特命である(2)。後者の理由について説明しよう。

一〇代の頃から舎人《とねり》（天皇の近習）として聖武天皇のそばに仕えていた家持は、おそらく勅命を内々に受けていたと考えられる。主君の念願達成のために、国司の長官として開墾を促進し、次々と開いた水田を東大寺の事実上の所有地としていったのだろう(3)。

現在でも越中国に関係する東大寺ほかの荘園の地図が一九枚ほど、奈良の正倉院などに残っている。(4)

家持が越中で詠んだ歌の中で、最も広く知られているのは、有名な軍歌「海行《ゆ》かば」のもとになった歌だ。

……海行かば　水浸《みづ》く屍《かばね》山行かば　草生《む》す屍……（『万葉集』巻一八―四〇九四）

注意が必要なのは、この歌はもともと戦争の歌ではなかったことだ。七四九年に陸奥《むつ》国（宮城県）で黄金が発見されたことを祝賀する一〇七句からなる壮大な長歌の一部で、家持の歌で最も長い歌でもある。

当時、東大寺の大仏は最後の鍍金《ときん》の段階に入っていたが、肝心の黄金がまるで足りず、聖武天皇のすべてをかけた計画が頓挫しかけていた。その危機的状況のときに、日本初の砂金が陸奥から発見されたのだから、大ニュースではある。だが、越中からはるか遠くの地での出来事でもある。なぜ家持はそれほど大騒ぎしたのか。

歌の内容を端的にあらわすのが、長歌に付けられた三首の反歌だ。そのうち重要なのが

次の歌である。(5)

大伴の遠《とほ》つ神祖《かむおや》の奥津城《おくつき》はしるく標《しめ》立て人の知るべく（『万葉集』巻一八―四〇九六）

家持の越中赴任の使命は、長年仕えた聖武天皇の念願を果たす一助として、東大寺の荘園を開発することと先に触れた。雪多い地方で汗を流す家持が、主君の夢の実現を決定づける黄金発見に歓喜しないはずはあるまい。

「大伴氏の遠い祖先の墓域を広く知らしめよう」という、さほど意味のない歌に思えるが、これこそ心の底からの絶叫だったのではないか。意訳すれば、「大伴氏は昔からずっと天皇のために働いてきました。今までも、そしてこれからも私は天皇のために尽くすことを誓います！」となろう。

国家をあげた大プロジェクトを推進する最前線の一員としての高揚感と、日常的に壮大な景色に触れられる風土とが相まって、越中時代の家持は前例にとらわれない手法で数々の歌を創作していった。

激動の後半生

だが、輝きに満ちた青年貴族の人生は、そこからが波瀾万丈だった。

大伴氏という氏族は学問の家ではなく、武器を手に戦場に立つ軍事の名門。古墳時代から飛鳥時代までは、戦争といえば、大伴氏か物部《もののべ》氏の役割だった。六世紀に物部氏の本家が蘇我《そが》氏に滅ぼされてからは、自前で兵力をもつ大豪族といえば大伴氏だけになった。

物部氏、蘇我氏と次々に没落していく一方で、新興貴族の藤原氏が急速に勢力を伸ばしていった。大伴氏はその藤原氏にとって、最大にして最後のライバルとなる。鎌足の息子、藤原不比等は、猛烈な政治力によって藤原氏を貴族界のトップへと一気に押し上げた。だが七二〇年に不比等が死ぬと揺り戻しが起きた。

藤原氏が息子四人による強固な体制を敷く一方、反藤原勢力は、皇族の長屋王のもとに結集した。

一触即発ながら均衡が崩れなかったのは、私兵を抱える大伴旅人が中立を保っていたからだ。軍事の要となる旅人が都にいる間は、双方ともに武力に訴えることはできないでいた。

七二九年、旅人は大宰府（福岡県）の長官「大宰帥《だざいのそち》」に任じられる。この異動は左遷とまではいえないが、裏で藤原氏が仕組んだらしい。旅人が都を離れる好機をのがさず、藤原氏は長屋王に謀反の疑いをでっち上げ、自殺に追い込んだ（121ページ参照）。遠い九州でこのクーデターを聞いた旅人の心痛はどれほどだったか。

だが、旅人は九州で作った琴と手紙を藤原氏に送り、恭順の意を表した。なぜ旅人は戦わなかったのか。二年後に旅人は大病が原因で逝去するのだが、すでに自身の短い命を感じ取り、嫡男の家持がわずか一二歳ではとても藤原氏と戦えないと判断したのだろう。

多感な少年だった家持の心に父の屈服は強く刻み込まれ、藤原氏への憎しみの種がまかれた。しかし、その種が芽を出すことはなかった。藤原氏の四兄弟が疫病で全滅した上、自身はエリート街道を着実に歩んでいったからだ。

大伴氏の若き当主をバックアップしたのは、長屋王に代わる皇族出身の政治家、橘諸兄《たちばなのもろえ》、奈良麻呂《ならまろ》の父子であった。橘氏との関係の深さは、家持が文献上最初に官人として現れる二一歳の時の歌が、奈良麻呂主催の宴席の場のものであったことからもわかる。つまり家持は橘氏の演出で政界に登場したのだ(6)。

因幡国庁（国府）跡。1972 年から 1977 年までの発掘調査で正殿や南門などの遺構が確認された。

だが、橘父子は聖武天皇の後継者争いで藤原氏と対立し、再び元皇族対藤原氏の戦いが繰り返されることになる。

七四九年、聖武天皇は藤原氏が推す女帝・孝謙《こうけん》天皇に譲位した。これを機に橘親子の権勢はかげりを見せるようになる。陸奥で黄金が見つかり家持が歓喜したのと同じ年のことで、家持にとって絶頂から文字通り転げ落ちていくスタート地点となった。

七五六年、聖武が崩御すると、追いかけるように翌年には橘諸兄もこの世を去った。追い込まれた奈良麻呂は乱を計画するが事前に発覚。大伴氏一族の有力者を含め数百人の関係者が処断された。

この政変に家持は関わっていなかったが、二年後、因幡守《いなばのかみ》に任命される。二〇代で国司長官についた越中と比べると水田の面積は三分の一以下[7]で、少納言、兵部大輔《ひょうぶのたいふ》[8]（次官）など着実に出世をつづけてきた四一歳の家持にとっては明らかな左遷であった。

最後に詠まれた歌

七五八年七月五日、都を離れ因幡へ向かう家持の送別会が行われ、そこで家持は一首詠んだ。

秋風のすゑ吹き靡《なび》く萩の花ともに挿頭《かざ》さずあひか別れむ（『万葉集』巻二〇—四五一五）

——秋風が萩の葉を揺らすが、花は咲いていない。花を髪に挿すこともなく別れていく。

暦の上では秋というものの、太陽暦に換算すれば八月中旬で盛夏である。真夏にもかかわらず家持の心にはぽっかりと穴が開き、秋風が吹き抜けていったのだ。

悲嘆にくれた家持はどんな風景を見たのだろうか。今度は、因幡国府跡（鳥取市国府町）

新しき年の始の初春の今日降る雪のいや重《し》け吉事《よごと》（『万葉集』巻二〇―四五一六）

家持の最期の地となった多賀城跡。

に足を運んだ。

往時の様子を物語る遺構は礎石しか残っていないが、国府跡に立ち周囲を見渡すと、山に囲まれていることがわかる。

同じ日本海沿岸とはいえ、目前に視界が広がる越中国府とはまるで異なる。冬の厳しい気候から守ってくれる頼もしい立地といえるが、左遷されてきた家持にとっては幽閉されている気持ちだったのではないか。

そして七五九年、家持四二歳の元旦、雪に閉ざされた国府で、『万葉集』の最後の歌が詠まれる。

元日を祝うめでたい歌ではあるが、「今日雪が降りました。元日の雪は豊作のしるしなのでおめでたい」と形式的にもみえる。

これ以降の歌は残されていない。家持は六八歳まで生きたので、歌は作ったが残らなかった、というのが通説だ。だが、純粋な心を表現する意味での歌は捨ててしまったのではないだろうか。

長い地方勤務、謀反に連座しての京《みやこ》からの追放など、苦労を重ねて六〇歳をすぎてようやく参議（大臣クラス）になった。しかし、六五歳の七八二年、蝦夷《えみし》との戦争のさなかの多賀城（宮城県）に前線司令官である鎮守将軍として送られる。もちろんこの人事には藤原氏が手を回している。父の旅人がその力ゆえに大宰府へ送られたのと同様の処置であった。

ところが、家持は父のように藤原氏に屈服しなかった。時の桓武天皇を擁立した藤原氏に対して、家持は天皇の弟で皇太子の早良《さわら》親王を支持するグループのリーダーとなった。

多賀城は、東に松島、南は広大な仙台平野と、越中国府に並ぶ美しい景観を誇る。だが家持の心に長い年月を経て蓄積していた藤原氏への怒りを洗い流すことはなかった。

七八五年八月二八日、家持死す。死せる家持は最後の矢を放った。九月二三日、新都・

長岡京の建設担当だった藤原氏のリーダーの種継《たねつぐ》が、大伴氏一族によって工事現場で暗殺されたのだ。
犯人の供述で、主犯は家持であることが明らかにされた(9)。家持は、歌人であるよりも武人であることを選び、父子二代にわたる壮大な復讐劇の幕を下ろしたのだった。

歴史の舞台を訪ねて

●**越中国守館跡（高岡市伏木気象資料館所在地）**〔富山県高岡市伏木古国府12 - 5〕
資料館がある敷地内に「越中國守館址」と刻まれた石碑が立つ。

●**因幡国庁（国府）跡**
〔鳥取市国府町中郷　問い合わせ：国府町総合支所産業建設課　☎0857（39）0560〕
跡地総面積約3万2000平方メートルのうち、およそ7000平方メートルが史跡公園として整備されている。近隣に因幡万葉歴史館〔鳥取市国府町町屋726　☎0857（26）1780〕がある。

●**大伴神社（氣多神社境内）**
越中国一の宮の一つである氣多神社〔高岡市伏木一宮1 - 10 - 1　☎0766（44）1836〕の境内に建つ。

●**多賀城跡**〔宮城県多賀城市市川　問い合わせ：多賀城市観光協会事務局　☎022（364）5901〕
奈良時代の724年に創建され、陸奥国府および鎮守府として機能した。

（注）

（1）当時、国は、大国、上国、中国、下国の4つにランク分けされており、越中は上国ながら大国に準ずる扱いだった。後に家持が国守になる因幡も上国。

（2）橘諸兄（本文後出）の勢力を排除しようとした、藤原氏の有力者、仲麻呂による報復人事説もある。

（3）寺院が開拓地を所有することを公的に認められたのは749年だが、それ以前にも都の皇族や有力貴族が国守らに根回しし、東大寺など有力寺社に土地からあがる資金がまわるように動いていたとみられている。

（4）このうち江戸時代後期に正倉院から流出し長らく行方不明となっていた越中国の荘園絵図が、2008年、突如東京の古書店で売りに出され、奈良国立博物館が購入し話題となった。759年の最古級ということで、国宝に指定され一般公開された。

（5）残りの2首は、大伴家は武人＝ますらおであるという誇りがうかがえる「大夫（ますらを）の心思ほゆ大君の御言（みこと）の幸（さき）を聞けば貴（たふと）み」（4095）と、金が産出した様子を表現した「天皇（すめろき）の御代栄えむと東なる陸奥（みちのく）山に黄金（くがね）花咲く」（4097）。

（6）この時奈良麻呂は18歳。家持など有力なエリート候補たちを友人兼側近として手なずけるために宴席を開いたとみられている。

（7）のちの平安時代の10世紀になってまとめられた百科事典『倭名類聚抄（わみょうるいじゅしょう）』には、越中と能登を合わせた水田の面積は約2万6000町、因幡は約8000町となっている。

（8）兵部省は律令制下の8省の一つ。全国の兵士の管理・動員、兵器や軍事施設の管理、武官の人事考課、叙位及び任官など、軍事関係の事務を司った。大輔はその長官「卿（きょう）」に次ぐ地位。

（9）その後、死んだ家持は除名（じょみょう）処分となり官位をすべて剝奪された。事件は藤原氏を狙うだけでなく、桓武天皇を廃し早良親王を即位させる陰謀とされた。家持らが本当に譲位劇までをも目論んでいたのかはわからないが、これにより藤原氏の勝利は決定的になった。早良親王は皇太子の地位を廃され淡路島へ流される途中で死亡、怨霊となって桓武天皇を恐怖のどん底に陥れた。そのため（怨霊をなだめるため）早良親王の名誉は回復され、家持への処分も806年に取り消され元の従三位に戻された。

【参考文献】

中西進『万葉集　全訳注原文付』1〜4（講談社文庫）
小野寛『孤愁の人　大伴家持』（新典社）
木本秀樹編『古代の越中』（高志書院）
高岡市万葉歴史館図録『天平万葉』『越中国と万葉集』
国府町編『大伴家持の愛と悲劇』『因幡万葉歴史館展示案内』

一三

若き日の空海

―新説密教伝来譚

史実か伝説か、全国に残されている弘法大師・空海の足跡。
だが、その青年時代には不明な点が少なくない。
いま、密教をもたらした偉大な功績の陰に、
先人の存在が浮かび上がる――。

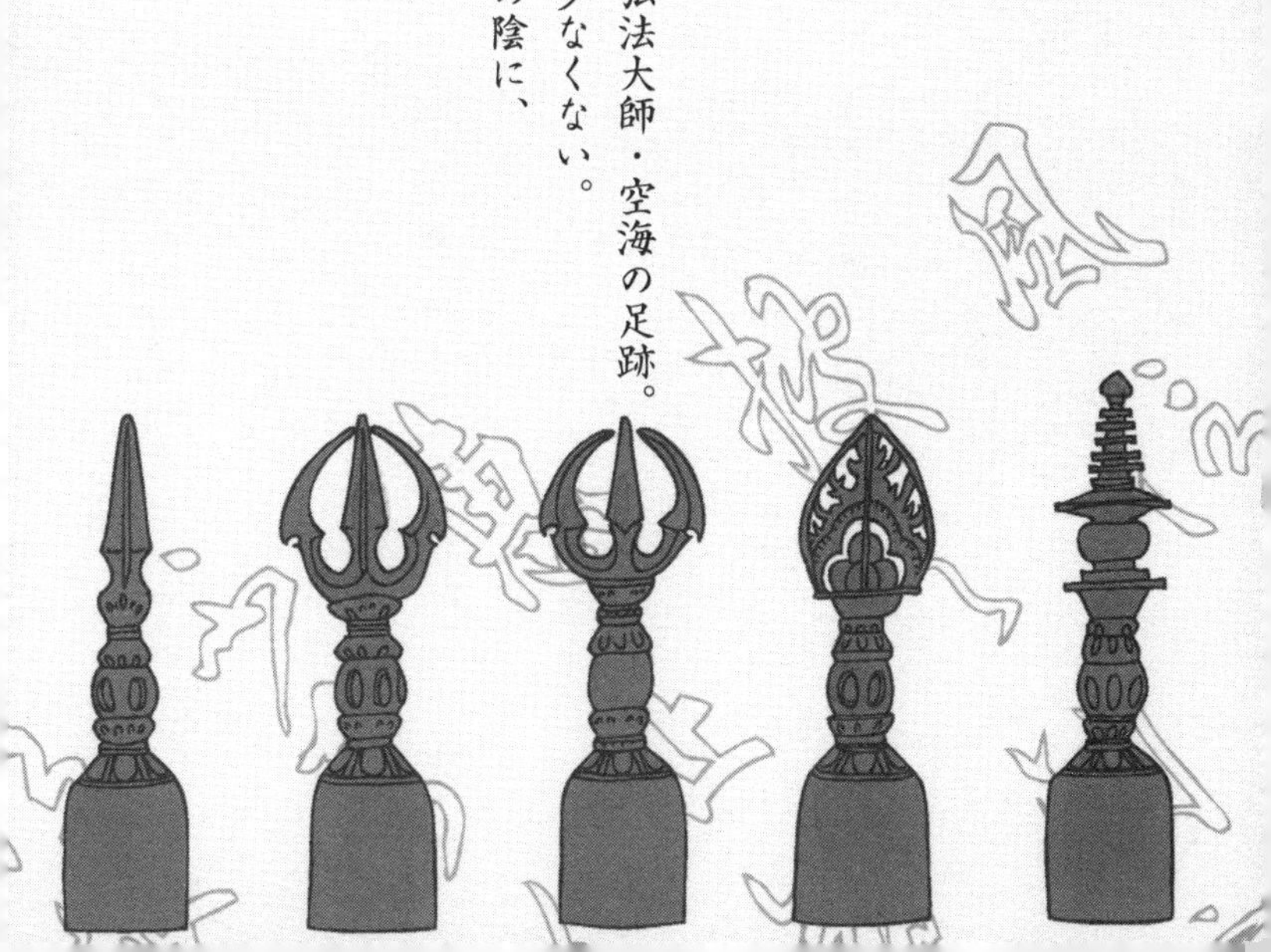

マルチプレーヤー空海と密教

平安時代の初めに、真言宗を開いた「弘法大師」として知られている空海。(1) 高野山（和歌山県）に総本山の金剛峯寺《こんごうぶじ》を建立し、平安京にも東寺《とうじ》（教王護国寺）を与えられた。

歴史的な宗教人としてだけではなく、信仰の対象となった聖人でもある。さらに、「弘法にも筆の誤り」に知られるように、三筆(2)の一人で名筆家でもあった。これだけにとどまらない。漢詩文の名手で、辞典も編纂し、土木や鉱山の技師として、あるいは占星術師でもあった。どれも最上級で、まさしく天才であった。

数ある空海の業績の中でも重要なのは、中国から日本へ密教をもたらしたことだ。密教とは、大乗仏教の中の秘教をさし、その原初は五～六世紀のインドに起こった。手で印相を結んで、真言を唱え、心の中に仏を観るという三密の行《ぎょう》をおこなうことによって、宇宙の真理を知り、仏との一体化をはかって即身成仏《そくしんじょうぶつ》（現世にあるままで仏になれる）がはたされると考えられた。病気の回復や延命など、現世でのご利益が期待できる、革新的な信仰だった。

密教が平安時代の日本に与えた衝撃は大きかった。空海の開いた真言宗に加えて、同時期の最澄[3]の天台宗でも密教を取り入れているが、この二派の影響力は多大で、平安時代の仏教とはすなわち密教といわれるほどだった。

密教は、遣唐使の一員として中国にわたった空海と最澄がもたらしたもの、というのが定説となっている。だが、歴史に残された偉大な足跡は、その人物だけの功績ではなく、先人の助走があってこそということが多い。

空海と密教との関係にも、同様にその先駆者がいた可能性のあることが、近年の研究で浮かび上がっている。

提唱するのは書史研究家の飯島太《た》千《ち》雄《お》氏で、独自の視点から三〇年来空海の研究をつづけ、空海の真筆四万字を集成した『空海大字林』（講談社）を刊行するなどの業績をもつ。

書という切り口から空海に肉薄する第一人者といえる。

それでは、空海は密教をいつ、だれから、どのようにして知ったというのか。

讃岐生まれは真実か

この謎を解くカギは、空海の幼少期にある。

空海は、讃岐国の屏風ヶ浦（香川県善通寺市）で生まれたとされている。父が四国の豪族・佐伯氏[4]だからだ。だが、幼年時代は「阿刀真魚《あとのまお》」、つまり母方の姓「阿刀」を名乗った[5]。

阿刀氏は本拠地は現在の大和川の河口付近（八尾市）という説が有力だが、特に高級女官を輩出する名家として平城京に住んでいた。このことから飯島氏は、空海は大阪で生まれ、平城京で育った可能性を指摘する。奈良・平安時代には、夫が妻の家に通う妻問い婚が一般的で、実際に空海が阿刀姓を名乗っていたことからも、この指摘は無視できない。

なにより当時の学問は、いかに中国の古典籍や経典などに通じているかが評価の基準であった。どれほどの天才であろうとも、いや天才ゆえに、先学の蓄積を受け継げなければ、平安の学問の世界で注目されることはありえなかった。もしも定説通りに讃岐という地方で育ったのならば、空海ほどの才能をもっていても、芽吹くことはなかったのかもしれない。

通説では、七八八年、空海が一五歳の時讃岐から上京したとされるが、飯島氏の説に従えば、同じ畿内である平城京（奈良県）から、七八四年に新都となったばかりの長岡京（京都府）へ移ったにすぎないことになる。

僧侶への道

驚くべきことに、阿刀氏の邸宅は、平城京でも宮殿の真正面。奈良時代の貴族・長屋王邸に隣接する区画であった。この場所で、若い空海は、おじの阿刀大足《おおたり》に師事して中国の書籍（漢籍）を習った。阿刀大足は桓武天皇の第三皇子・伊予親王の個人教師（侍講《じこう》）を務めるほどの学識者だ。

さらには、奈良・十輪院で、当代一の名書家として知られていた朝野魚養《あさののなかい》（生没年不詳）を師として書を習ったという。魚養は十輪院を開基した人物といわれ、境内には墓もある。

ここまでの空海の歩みは、官僚として出世するコースであり、仏教色が比較的少ないことを念頭においてほしい。

奈良町《ならまち》(6)にある十輪院を訪ねた。雨上がりの四月のある日、東京駅から始発の新幹線に乗った。冬の寒さの残る冷たい空気が肌に心地よくしみる。ドイツの著名な建築家、ブルーノ・タウト(7)が「奈良に来たら、まず小規模ではあるが非常に古い簡素優美な十輪院を訪ねて静かにその美を観照し、また近傍の素朴な街路などを心ゆくまで味わうがよい」と絶賛した隠れた名刹だ。

鎌倉時代の築造という本堂(国宝)は天井が低く、寺院というよりは住居のような趣。時代が隔たるものの、空海が書の指導を受けたのもこのような環境だったのかもしれない。本堂内にはみごとな石製の仏と厨子《ずし》(重要文化財)が安置されている。

本堂を出て、境内のわきにある魚養の墓を目指した。注意しないと気づかないだろう、墓は人目を避けるように佇んでいた。

名筆家・空海の師匠という朝野魚養はどのような字を書いたのか。魚養が書写したとされる経典「大般若経」六〇〇巻の一部が見られると知って、薬師寺の大宝蔵殿を次に目指す。電車でも行けるが、十輪院からおよそ四〇分、レンタル自転車を走らせた。「魚養経」ともよばれる経典を展示用ガラスケースごしに実見した。端正な筆跡から推測すると、さぞ几帳面で実直な性格だったのではないか。

　ちなみに、かつて十輪院には魚養らが書写したお経を納める宝蔵[8]があったが、現在は東京国立博物館構内に移築されている。

　七九二年、空海は一八歳で官僚育成機関の大学[9]へ進学。選んだのは「明経道《みょうぎょうどう》」という儒教を学び高級官吏を養成する学科だった。当時の大学はといえば、貴族の子弟しか入ることができなかった。父が地方豪族にすぎない空海が入学できたことは異例だったが、教員だったおじ・阿刀大足の推薦により入学が特別に許可されたといわれている。この時の都は平城京から長岡京へと移っていた。

　ゆくゆくは国家公務員——周囲の思い描く空海の将来像はこんなところだったろう。

十輪院にある朝野魚養の墓。

しかし、一人のある修行僧との出会いから、空海は僧侶になる道を選び、四国の各地などで修行を積み重ねることになった。その過程で、空海は瞑想中に金星を飲み込むという、偉人ならではの体験をしたという。

二四歳の空海が出家の意志を漢文学の形で表したのが、近年、東京国立博物館で展示されて話題となった国宝「聾瞽指帰《ろうこしいき》」である。こうして、空海は突如、役人から僧侶へと方向転換したのだ。

すでに伝来していた密教

純粋な宗教心の発露だったといえばそれまでだが、ほかになにか理由があったのではないだろうか。

桓武天皇の治世は、都が平城京から長岡京、平安京へと移る激動の時代。数々の謀反、そして冤罪によって多くの命が絶たれた。空海が生まれる二年前の七七二年には、桓武天皇の義母の井上皇后(10)が呪術を使った罪で廃后となっている。これに連座して、皇后の女官とみられる安都堅石女《あとのかたしめ》も遠流《おんる》の刑に処された。

この堅石女は阿刀氏の一族で、空海のおばである可能性がある。空海は幼い時から政界の無情さも耳にしており、官吏になることには消極的だったのかもしれない。

加えて、魚養は、政界の荒波に巻き込まれた阿刀氏出身の一人の高僧のことを空海に伝えた。それが玄昉《げんぼう》だ(11)。

先に紹介したように朝野魚養は、書家でありながら僧でもあったが、玄昉はその師匠にあたる。玄昉こそ、密教を日本へ最初にもたらした人物であり、十輪院に納められた写経は玄昉を弔うためのものとするのが、飯島氏の説だ。

玄昉は、空海に先駆けて、遣唐使の一員として中国へ渡航し、多くの仏典を日本へもたらした。帰国後、時の聖武天皇の母・藤原宮子の病気を快癒させた(12)ことをきっかけに絶大な信頼を獲得し、政治顧問となった。しかし、藤原氏から、内乱や疫病の流行など世の中が乱れる諸悪の根元は玄昉らにあると攻撃を受けて、九州・観世音寺《かんぜのんじ》へ左遷され、失意のまま人生を終えた。

飯島氏は、奈良時代の「正倉院文書」を丹念に調べた結果、玄昉が中国からもち帰った密教の経典が多数あることを発見した。玄昉が中国へと渡ったのは七一七年のこと。八〇四年に渡航した空海のおよそ九〇年前。この頃すでに、密教は玄昉によって体系的に

方形7段のピラミッド状に築かれた高さ10メートルほどの土製の「頭塔」。最下段は1辺約30メートル。見学もできる。かつては玄昉の首塚といわれていた。

もたらされていたというのだ。

だが、この時の密教は、玄昉が政治的な敗者ゆえに広がることなく、文字通り「秘密」の宗教となった。密教経典の存在を知った弟子の朝野魚養が、玄昉と同姓の阿刀氏出身だった才気あふれる少年にすべてを託したのではないか。むろん、目的は玄昉の名誉回復だろう。

無念を晴らした知の絆

魚養の十輪院そばには、玄昉にゆかりのある地がいくつかある。その一つが福智院だ。この地には玄昉が建立した清水寺があったとされ、境内にはその由来を示す石碑が立つ。

さらに福智院から徒歩で五分、「頭塔《ずとう》」がある。

かつて玄昉の首塚といわれていたミステリアスな遺跡だ。もっとも近年の調査で、ここは玄昉の首塚ではなく、七六〇年頃に建立された仏教施設（塔）とされている。

しかし、伝承によれば、玄昉の無念の思いが首を奈良まで飛ばした、という。玄昉は冤罪で左遷された。無実だからこそ、人々はその祟りを恐れるのだ。

八〇六年、中国から帰国した空海は、三年間も九州・大宰府の地に留まっていた。その理由には諸説あるが、(13)大宰府のそばの観世音寺に非業の死を遂げた玄昉の墓がある点に注目したい。密教をもたらした偉大なる先人・玄昉様――罪人として左遷された僧を褒めそやすなど、公言することは憚られたであろうが、空海は日々、同族である先達の菩提を弔っていたのかもしれない。

空海はさまざまな人から多くの影響を受けたといわれている。密教導入も例外ではなかった。密教という新しい宗教を日本にもたらした偉業の裏には、玄昉→朝野魚養→空海という、三代およそ百年にわたる知のリレーがあったのだ。

歴史の舞台を訪ねて

●**金剛峯寺**〔和歌山県伊都郡高野町高野山132 ☎0736（56）2011（代）〕
開創は816年、開基は嵯峨天皇、開山は空海。1872年まで女人禁制だった。

●**東寺（教王護国寺）**〔京都市南区九条町1 ☎075（691）3325〕
平安京遷都に伴い、西寺（さいじ）とともに造営された二大官寺の一つ。823年、嵯峨天皇より空海に与えられ、真言密教の根本道場となった。

●**十輪院**〔奈良市十輪院町27 ☎0742（26）6635〕
元正天皇［680～748年］の勅願寺。勤行の後、住職と寺院で野菜カレーを食べる「JURIN-IN BREAKFAST CLUB（朝カレーをいただく会：毎月第1日曜日開催）」など、ユニークな活動を行っている。

●**薬師寺**〔奈良市西ノ京町457 ☎0742（33）6001〕
南都七大寺の一つ。天武天皇により680年発願。春と秋に大宝蔵殿の特別開扉がある。

●**福智院**〔奈良市福智院町46 ☎0742（22）1358〕
巨大な本尊の地蔵菩薩坐像（重要文化財、像高2・73メートル、台座からの総高6・76メートル）は一見の価値あり。

●**頭塔**〔奈良市高畑町921〕
見学は要予約。問い合わせ：仲村表具店 ☎0742（26）3171

(注)

(1)[774〜835年]「弘法大師」は921年に醍醐(だいご)天皇から贈られた諡号(しごう)(贈り名)。

(2)江戸時代に選ばれた3人の能書家。ほかに、同時代の嵯峨天皇・橘逸勢(たちばなのはやなり)を指す。

(3)[767〜822年]平安初期の僧。日本天台宗の開祖。伝教大師。804年、空海とともに入唐した。「伝教大師」は866年、清和(せいわ)天皇から贈られた日本初の諡号。

(4)佐伯氏は、かつてヤマト王権に征伐された蝦夷だったといわれている。

(5)「空海」と名乗った初出は遣唐使として入唐する前後の古文書にある。

(6)元興寺(がんごうじ)の旧境内を中心とした歴史的町並みが残る地域の通称。

(7)[1880〜1938年]ナチス政権から逃れ、1933年に来日。桂離宮など日本の伝統的建造物の美をたたえ世界に紹介した。

(8)国宝の本堂に合わせてか鎌倉時代の建造とされているが、飯島氏は原初的なデザインの石刻などから空海と同時代のものとしている。本項ではそれに従う。

(9)律令制下、文官の人事一般を取り扱った式部省に属した官僚育成機関。

(10)[717〜775年]光仁天皇の皇后。聖武天皇の皇女。皇位継承争いの結果、子の他戸親王とともに暗殺されたといわれる。

(11)[?〜746年]奈良前期の法相(ほっそう)宗の僧。735年、唐から帰国。吉備真備(きびのまきび)とともに橘諸兄(たちばなのもろえ)政権を担ったが、740年、藤原広嗣(ひろつぐ)の乱を招いた。

(12) 宮子は701年に聖武天皇を出産した後に発病、737年のこの時まで会うことはなかった。
(13) 大宰府に留まった理由には、20年と決められていた留学期間をたった2年で帰ってきてしまった罪のため、あるいは桓武天皇崩御により政局が不安定となったため、など諸説ある。

【参考文献】

飯島太千雄『若き空海の実像』(大法輪閣)
高木訷元『空海』(吉川弘文館)
佐伯有清『最澄と空海』(吉川弘文館)
竹内信夫『空海入門』(筑摩書房)

一四

平安の悪女に花束を

―藤原薬子の素顔

愛し愛された男が天皇になりさえしなければ、
これほどまでに悪評を得ることはなかったろう。
天皇の寵愛《ちょうあい》を背景にその振る舞いは専横を極め、
やがてはクーデターを主導、挙句に服毒自殺の最期を遂げたという。
稀代の悪女と名高い藤原薬子《くすこ》。その素顔とははたして――。

〝傾城〟の女は真実か

平安京から平城京への遷都の影には、ひとりの女性がいた。

「いやいや、奈良の平城京から京都の平安京への間違いでしょう」と思われた読者もいるだろう。だが、実際に時計を逆回転させるようなことが起きていたのだ。

ご存じのように、桓武《かんむ》天皇による平安京への遷都は七九四年。それからわずか一五年後の八一〇年に、桓武天皇の皇子の平城《へいぜい》天皇（当時は上皇）が、平城京へ都を戻すことを企図し、実行寸前となった。しかし、同じく桓武天皇の皇子の嵯峨《さが》天皇が直前で計画をつぶした。

この国家を二分する事件を引き起こしたのが、日本史を代表する悪女として知られる藤原薬子《くすこ》とされる。彼女の名前から、事件は「薬子の変」とよばれている。

日本史上最低の悪女――。関連の史料や遺跡は少ないが、藤原氏の娘として生まれた薬子の前半生は、貴族の娘としてそれなりに幸せだったようだ。

生年は不明ながら、七六四年との説が有力である。平城京で生まれたことはまず間違いないだろう。

父の種継《たねつぐ》は、桓武天皇の側近としてメキメキと頭角を現していたが、母（薬子の祖母）の身分の低さからすれば、娘（薬子）をいきなり天皇や皇太子の妻につけられるほどではなかった。そこで嫁ぎ先に選ばれたのが同じ藤原氏の男だった。薬子は三男二女をもうけた。

薬子が二〇歳前後になるまでを過ごした平城京跡である奈良の町を歩いてみた。

正倉院や東大寺の大仏などの神社仏閣はいうまでもなく、奈良の町は、今でも当時の町割りを体感できる。アスファルトの下には、薬子たちを乗せた牛車が通った道があるのだろう。一二〇〇年以上

たっても都市としての構造を保っているのは、当時も安定した良好な地だったことをうかがわせる。

この間、桓武天皇の治世のもとで、時代は大きく動いていた。史上に残る最大の事業といえば、遷都だ。当初は、平安京ではなく、少し西の長岡京（京都府）が候補地だった。この一大プロジェクトの担当者に抜擢されたのが薬子の父・種継である。

七一〇年の「開都」以来、数十年かけてつくった快適な都市を捨てて、コントロールの難しい淀川水系の山背《やましろ》盆地に新都をという。当然、反発は大きかったことだろう。

種継は改革派の急先鋒として目立ちすぎたようだ。七八五年、長岡京の建設現場を視察していたある日の夜、何者かに暗殺されてしまった。取り調べの結果、桓武天皇の弟で当時、皇太子だった早良親王、大伴家持らが容疑者として処罰された（173ページ参照）。種継暗殺の目的は長岡京遷都の阻止とみてよいだろう。皇太子の座は桓武天皇の皇子、後の平城天皇に与えられた。

結局のところ長岡京は一〇年にも満たずに廃都となり、次に選ばれたのが平安京だった。桓武天皇に信頼され前途洋々だった父の突然の死は、まだ二〇歳前後だった薬子の心情に少なからぬ影を落としたことだろう。

禁断の恋

遷都は薬子と平城天皇の人生を大きく揺さぶった。

二人を結びつけたのは、娘の結婚だった。薬子の五人の子のうち、長女が平城天皇（当時は皇太子）の後宮（皇后や妃などが住む宮中奥向きの宮殿）に入ったのだ。どちらが最初に誘惑したのかはわからないが、いつしか薬子と娘婿にあたる平城との仲は男女の関係に発展してしまった。年齢の差は、薬子が平城の一〇歳ほど上か。

平城は歴史書『日本後紀』に「風病」とあるように、一種のノイローゼで正常な判断に欠けることもあった。父・桓武天皇が死去した時には、平城天皇ははげしく号泣し、正気を失ってしまい、一人で立ち上がることもできなかったという。不安定な精神状態だったために、年上の薬子に甘えたかったのだろうか。あるいはまた、種継の犠牲によって皇太子となった平城は、その娘・薬子との出会いに運命めいたものを感じていたのかもしれない。

いくら恋愛の自由な古代だったからといって、娘の夫と関係をもつことは尋常ではない。「禁断の恋」を知った平城の父・桓武天皇は激怒。平城の振る舞いが義に背くとして糾弾し、

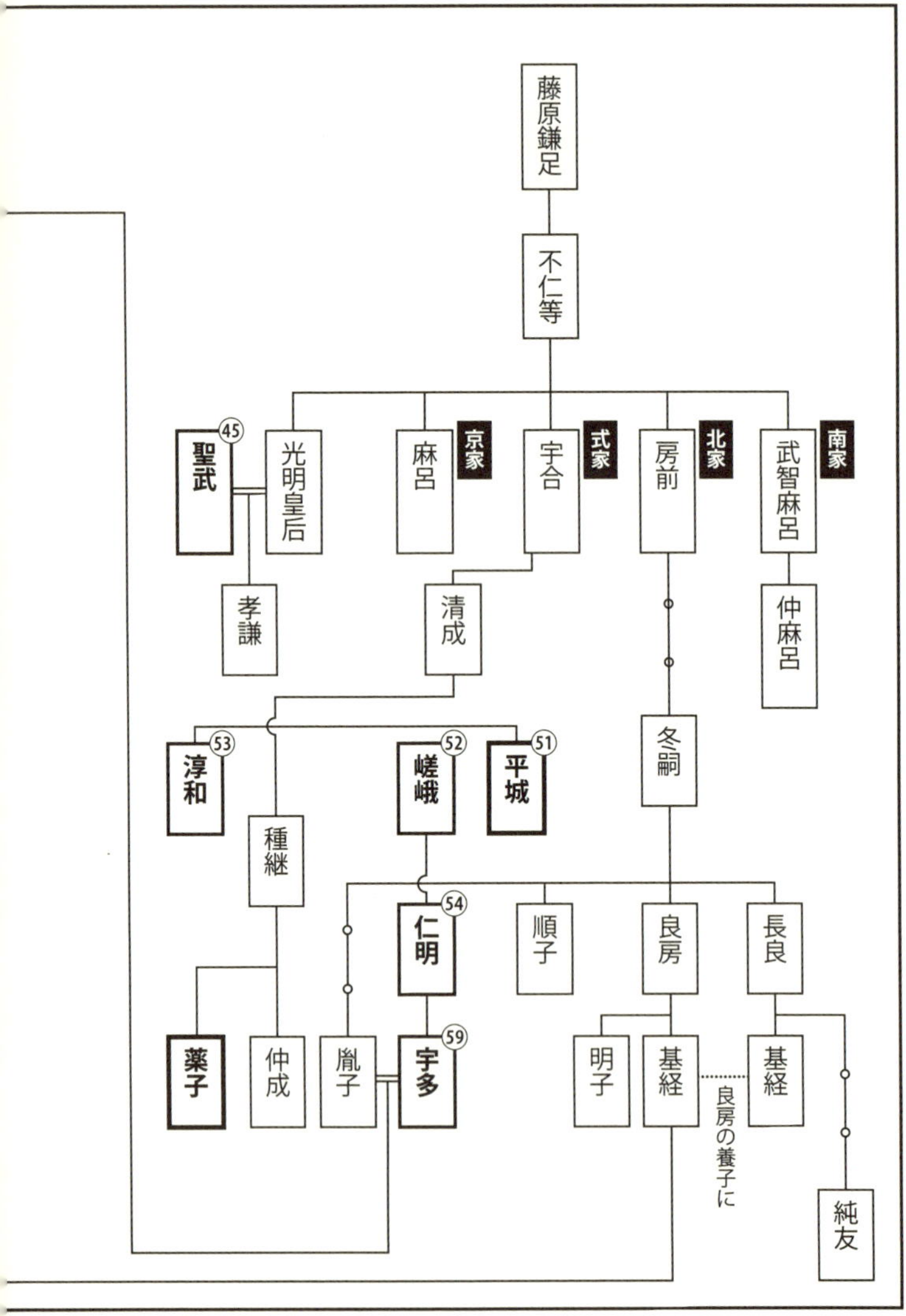
藤原鎌足
不仁等
南家
武智麻呂
仲麻呂
北家
房前
冬嗣
長良
基経
純友
良房
基経
明子
良房の養子に
式家
宇合
清成
平城
51
嵯峨
52
仁明
54
順子
宇多
59
胤子
京家
麻呂
光明皇后
聖武
45
孝謙
淳和
53
種継
仲成
薬子

藤原氏系図

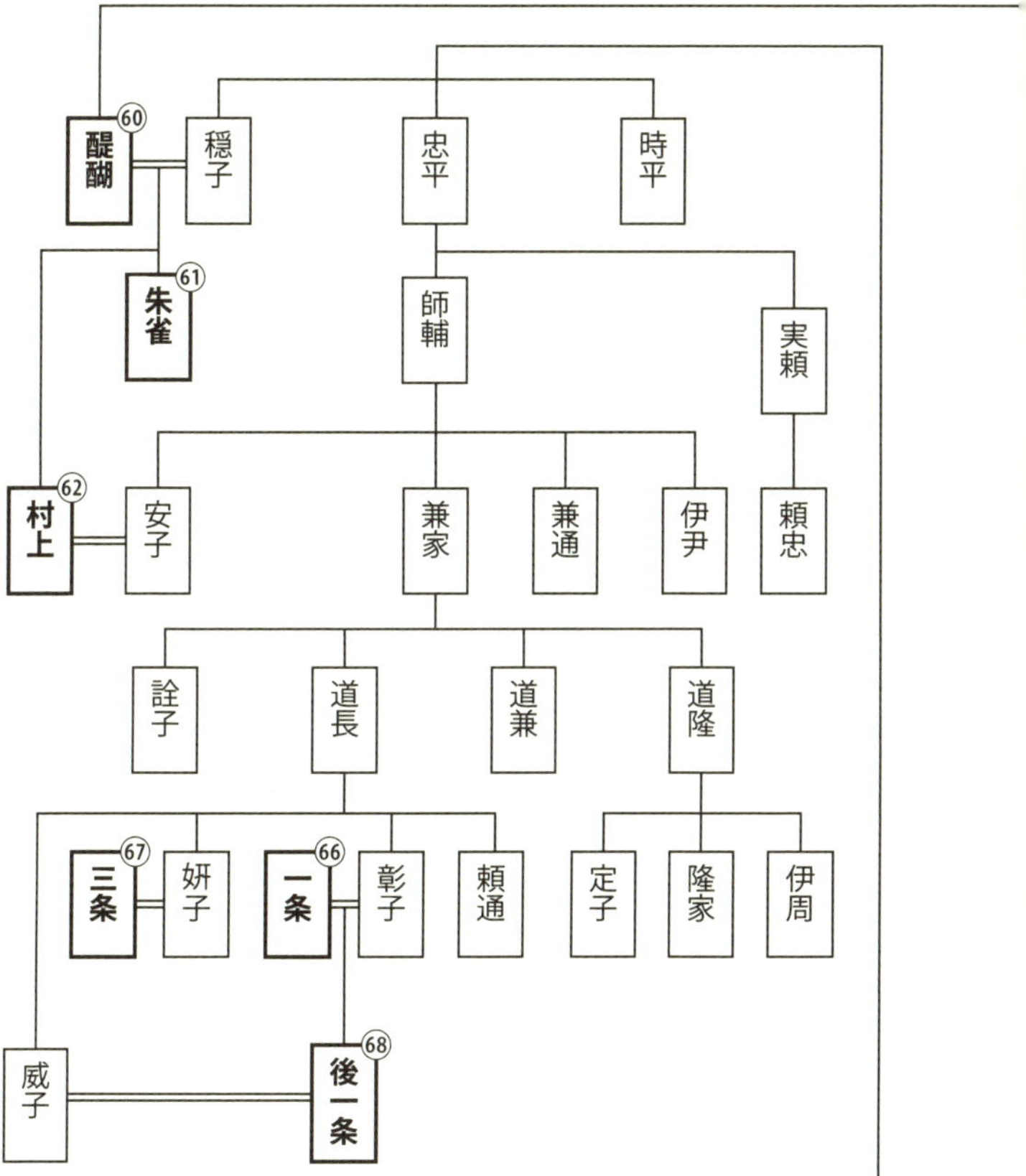

○囲みは天皇歴代数

薬子を宮廷から追放した。こうして二人の仲は引き裂かれることとなった。

しかし、当人たちの激情を止めることはできなかった。八〇六年、桓武天皇の没後に即位した平城天皇は、すかさず薬子をよび戻し、強い発言力をもつ内侍司《ないしのつかさ》（女性職員が天皇や後宮に仕える役所）の長官に任命。だれはばかることなく二人はよりを戻したのだ。

実は名君だった平城天皇

最愛の薬子を得て弾みがついたのだろうか、即位した平城天皇は偉大な足跡を残した父の跡を追いかけるように、政治改革を次々と実行した。たとえば、地方の情勢から民意をくみ取るための使者を派遣し、地方政治改革の重要な契機とした。さらに多くの無駄な官庁を統廃合してスリム化、これにより行政組織は効率化し、財政支出も大幅に抑制された。数々の政策は、非常に的確で実効性が高かった。晩年に「変」にかかわったことから過小評価されているが、平城天皇の政治手腕は再評価されるべきだろう。

しかしその性急ともいえる政策には数々の反発も生じた。リストラされて不満をいだいた役人も少なくなかったようだ。『日本後紀』によれば、各所から露骨に天皇を非難する

不退寺。平城天皇が譲位後に隠棲し「萱（かや）の御所」と称したとされ、その後平城天皇の皇子の阿保（あぼ）親王と、その第5子である在原業平が住んだという。写真：アフロ

声が上がったという。こうした「世論」が背景となり、平城天皇は突然弟の嵯峨天皇へと譲位してしまう。即位からわずか三年の退任劇だった。

平城天皇が譲位した後に居を構えたとされる不退寺《ふたいじ》を訪れた。場所は京都ではなく奈良・平城京。こぢんまりとした閑静な境内には、鎌倉時代の建造物がひっそりとたたずんでいる。ここに平城上皇が過ごしたことを裏付ける遺構は明らかになっていないが、長年慣れ親しんだ平城京の地で、薬子とともに心休まるひとときを過ごしたにちがいない。

うるさい保守勢力から離れて、上皇として充電していた平城は、その後も国政へ強く関与し続けた。平城上皇の権力に「寄生」してか、薬

子も政治へと口をさし挟んだようだ。〝悪女〟薬子の本領発揮である。

やはり『日本後紀』によれば、さまざまな政策の決定や役人からあがってくる意見を上皇へ勝手に取り次いだり、人を脅し、手なずけたりして首をつっこんだ、とある。薬子の望みはすべてかなえられたとも書かれている。さらに、『日本後紀』は続ける。悪女薬子は平城上皇をそそのかし、新都の平安京から平城京への遷都を宣言させた、と。このことから「二所の朝廷《みかど》」(二カ所の朝廷)といわれる緊張状態にまで発展、平城上皇方と嵯峨天皇方との対立は頂点を迎えた。

嵯峨天皇は遷都の宣言にすばやく反応した。先手を打って薬子と薬子の兄の藤原仲成《なかなり》を悪事の首謀者として糾弾したのだ。平城京へ戻ることは、偉大な父・桓武天皇の功績を無視することであり、これを阻止することは、嵯峨天皇の大義であったことだろう。

激怒した平城上皇は薬子を伴い挙兵しようと試みたが、あっけなく失敗してしまう(1)。仲成は射殺、薬子は毒を飲んで自殺し、平城上皇は出家した。「平城京遷都」宣言からわずか六日間の出来事は、嵯峨天皇側の圧勝に終わったのだ(2)。

消された黒幕の存在

この史書に見える薬子の評価を端的にいえば、「天皇を籠絡《ろうらく》し国家を傾けようとした悪女」となろう。だから成敗されて当たり前、という論理が垣間みえる。こうした記述を根拠に、このクーデターは、首謀者が薬子であることを前提として「薬子の変」とよばれてきた。

しかしそれは果たして事実なのだろうか。

平安時代史の研究者・橋本義彦氏は、著書『平安貴族』の中で、実は薬子は利用されただけであり、真の黒幕は平城上皇その人だった、との見解を示している。いわば「薬子復権運動」ともいえるこの学説。橋本説を次に要約して紹介しよう。

――薬子の変を描いた史書『日本後紀』を読み込んでいくと、どうも事件をすべて薬子と仲成の二人に押しつけており、平城上皇をかばっている節がある。薬子のおもな罪状として「平城京遷都を推し進めたこと」とあるが、それは命を賭けて長岡京遷都を推進した父の種継の「偉業」を否定することにもなる。よって、史書に書かれている薬子の悪行の数々も信じがたい――。

薬子＝悪女説は再検討の余地が十分にある。悪女説の最大かつほとんど唯一の根拠となっている正史『日本後紀』の編纂を命じたのが、勝者の嵯峨天皇だからだ。

嵯峨天皇には平城上皇の罪を隠ぺいする理由もある。上皇にはむかうことはクーデターにほかならないからだ。事実をそのまま書いてしまえば、嵯峨天皇は悪者となってしまう。嵯峨天皇が同じ天皇家である平城上皇の政治責任には言及せず、臣下である薬子らに罪を全部なすりつけるという、薬子＝悪女説に史書を書き換えるように命じたと考えても不思議ではない(3)。

さらに嵯峨天皇だけでなく、薬子の変によって得をした人物がいる。薬子や仲成のライバルである冬嗣《ふゆつぐ》ら藤原北家だ。冬嗣は『日本後紀』編纂メンバーの一人でもある。冬嗣ら藤原北家が薬子＝悪女説の「創作」に加担していた可能性もあろう。この事件を契機として藤原式家は没落し、以後は藤原北家のみが有力貴族を輩出するようになったからだ(4)。

では変を招く原因となった「平城京遷都」宣言はだれがいい出したのか。むろん、平城上皇をおいてほかにはいないだろう。

薬子は悪女などではなく、自らが信じる愛を貫いた、いじらしい女性だったのではないか。本来は「平城上皇の変」であるはずなのに、この一連の事件を「薬子の変」とよぶことは、一人の女性に責任を押しつけることにほかならない。平城上皇こそ黒幕だったとする見解が定説となれば、薬子の冤罪を晴らすことにもなる。愛に殉じた薬子自身は、それを望んでいないのかもしれないのだが——。

歴史の舞台を訪ねて

●**平城宮跡**〔奈良県奈良市佐紀町〕
敷地内にある平城宮跡資料館（無料）では、最新の発掘調査や研究の成果が展示されており必見。

●**長岡京跡**〔京都府長岡京市・向日市・京都市西京区〕
桓武天皇により造営された都。784年、平城京から遷都された。794年、平安京へ遷都され、わずか10年間の都となった。向日市鶏冠井町大極殿には、かつて大極殿があった場所に大極殿公園が整備されており、毎年11月11日に大極殿祭が行われる。

●**不退寺**〔奈良市法蓮町517 ☎0742（22）5278〕
『伊勢物語』の主人公として知られる在原業平みずからが、本尊の聖観世音菩薩立像を彫刻し作り上げ、父・阿保親王の菩提を弔ったことが寺院としての始まりと伝わる。毎年5月28日には業平忌が行われ、重文の多宝塔が特別公開される。境内にはレンギョウ、ツバキ、ショウブなど四季の花々が咲き、秋には紅葉が美しい。

（注）

（1）変は平城上皇方が挙兵してから戦乱もなくわずか2日で終了する。平城上皇は東国に赴いて兵を募ろうとしたが嵯峨天皇方の兵がすでに進路を阻んでいることを知ってあきらめ、添上郡田村（奈良市大安寺町を中心とした付近と推定）で平城京へ戻ったという。この時嵯峨天皇方の兵を率いる将の一人に坂上田村麻呂がいた。田村麻呂は変の翌811年に病死。

（2）この時嵯峨天皇の戦勝祈願をしたのが空海で、これにより仏教界に地歩を築くきっかけをつくったという。空海が嵯峨天皇より与えられた東寺（京都市）境内には、薬子の変を鎮めたとされる鎮守八幡宮が鎮座する。

（3）歴史書を書き換えることはさほど珍しいことではなかった。たとえば藤原種継暗殺事件に際し絶食して死亡した早良親王の記述が、桓武天皇や嵯峨天皇の都合で『日本後紀』から編集・削除されていたことが『日本紀略』（平安後期）という史料から判明している。

（4）藤原道長［966〜1027年］の時代に全盛を極めた。

【参考文献】

黛弘道「藤原薬子」（笠原一男編『日本女性史』1　評論社）
春名宏昭『平城天皇』（吉川弘文館）
森田悌『日本後紀（中）全現代語訳』（講談社学術文庫）
瀧浪貞子『日本古代宮廷社会の研究』（思文閣出版）
橋本義彦『平安貴族』（平凡社選書）

一五

海賊は国王を夢見たのか

——藤原純友の乱

古代、役人として中央から地方へ下り、
土着した貴族や武士たちがいた。
平安時代、伊予国（愛媛県）に赴任した藤原純友《ふじわらのすみとも》もその一人。
しかし純友がほかの武士と違っていたのは、
役人時代に取り締まりの対象だった瀬戸内海の海賊の頭領となり、
朝廷へ反旗を翻したことだ。
男を突き動かしたものは何だったのか——。

残された海賊の足跡

「平安時代」という名前に象徴されるように、平安貴族は儀式や遊びに明け暮れ、東北をのぞき、戦乱はもちろん、死刑すら実施されなかった。そんな時代に東西で国家転覆をねらった内乱が同時期に起きた。平安貴族を震撼させた「平将門《たいらのまさかど》の乱」(1)と「藤原純友《ふじわらのすみとも》の乱」(2)である。

ともに失敗に終わっているが、「新皇」を名乗り、関東に新国家樹立を宣言した将門は、東京の神田明神（神社）で祭神とされるなど、のちに武士から神様としてあがめられた。一方で、瀬戸内海で暴れ回った純友は武士から崇敬された様子がなく、祭神としている神社もない。

いったい、藤原純友とは何者なのか。ただの海賊か、それとも名もなき民たちの英雄だったのか。

純友についての史料は非常に少ない。わずかな手がかりの一つ、平安時代後期に成立した歴史書『日本紀略』には、純友が海賊として船一〇〇〇艘を引き連れて、日振島《ひぶりじま》に本拠

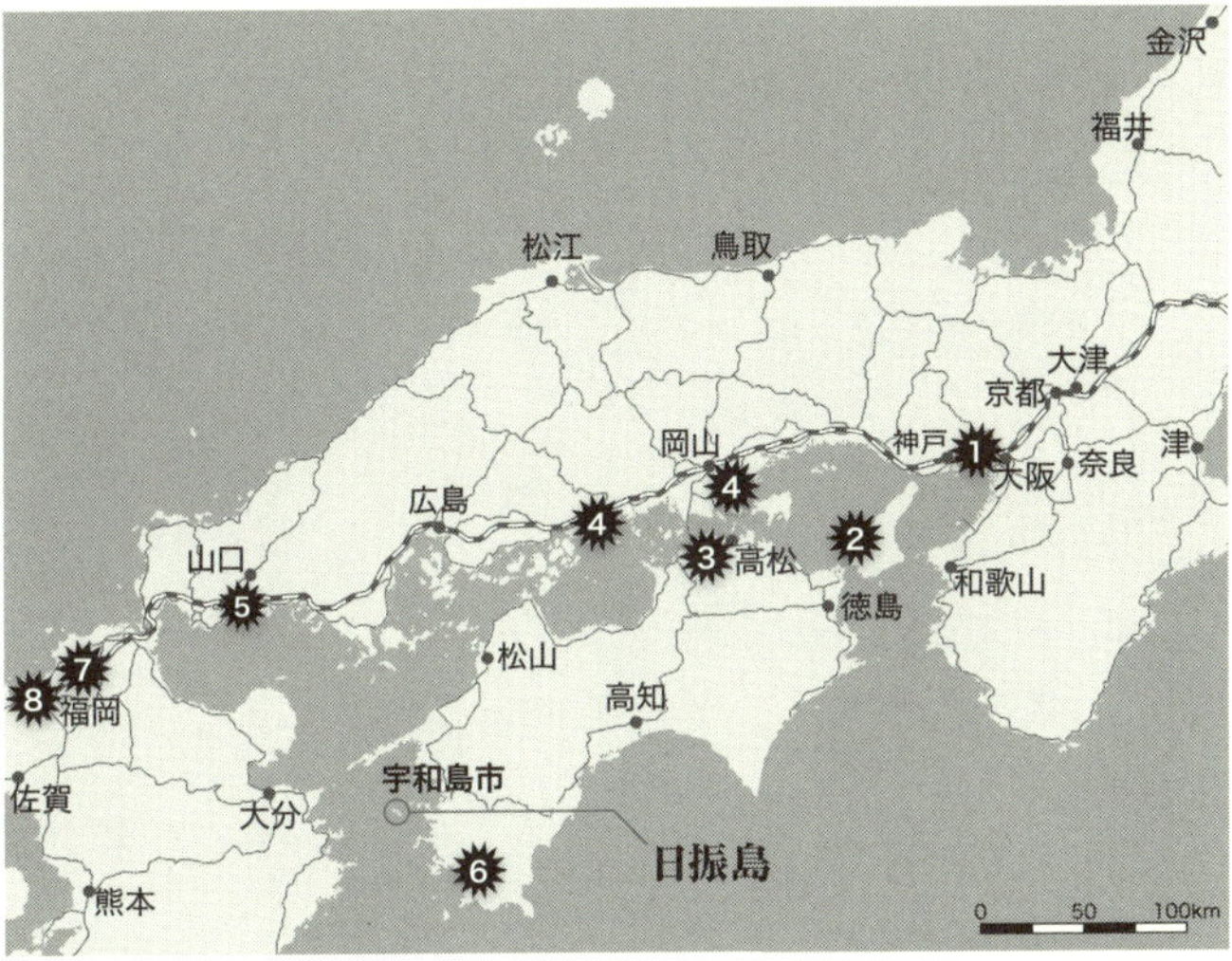

藤原純友の乱関連年表

939年 12月▶ 摂津国（兵庫県）を襲撃…………………… 1
940年　1月▶ 従五位下を授かる
940年　2月▶ 淡路国（兵庫県）を襲撃…………………… 2
平将門、討ち死に
940年　8月▶ 伊予・讃岐国（愛媛県・香川県）を襲撃…………………… 3
▶ 備前・備後国（岡山県・広島県）の
兵船100艘余りを焼く…………………… 4
940年 11月▶ 周防国（山口県）鋳銭司を焼討ち…………………… 5
940年 12月▶ 土佐国（高知県）を襲撃…………………… 6
941年　5月▶ 太宰府を攻撃して占領…………………… 7
▶ 小野好古ら官軍と博多津で合戦…………………… 8
941年　6月▶ 伊予国に敗走し、斬首される地をおいた、とある。

日振島は愛媛県西部の宇和島沖に浮かぶ島である。取材した日は雨模様だった。宇和島を出港した船に乗り、靄《もや》をかきわけて一時間、視界に島が飛びこんできた。小高い丘が海岸線まで迫り、ほとんど平地のない小さな島だ。

島の北にある能登の港で船を降り、民宿で一泊。翌朝、北から南まで島を六時間かけて縦断した。わずかに広がる平地には家屋が並ぶ。目の前の海にも、所狭しとハマチ、タイなどの養殖施設が浮かんでいる。丘陵の緑と青い海とのコントラストが美しい。

日振島は、江戸時代には流刑地でもあった。それだけ容易に近づけない島だった。海賊・純友にとって、天然の要塞ともいえるこの日振島こそ、本拠地にふさわしかったのだろう。歴史書『日本三代実録』(3)の八六七年の項には、伊予国（愛媛県）で海賊が頻繁に略奪を行っており、追いかけて捕まえようとすれば鳥のように散っていき、取り締まりを緩めるとたちまち集まってくる、と書かれている。

小高い山を登ること約一五分。雨の影響もあるだろうが、草木によってふさがれている悪道を何とかかきわけて、純友の築いた砦跡との伝承が残る「城が森」についた。見渡す限り広がる海。純友はこの島で、どんなことを心に誓い、反乱を決意したのだろ

日振島全景　写真：宇和島市観光協会

うか。

海賊として恐れられた純友だが、元はといえば摂政・関白などを輩出する名家の出である。権力を握った摂政の藤原忠《ただ》平《ひら》(4)は従兄弟にあたる。純友とて、宮廷生活を謳歌する平安貴族となってもおかしくなかった。それが、おもわぬきっかけからアウトローの世界へと足を踏み入れることになる。

海賊と裏取引、その驚愕の実態とは

これまでの定説では、純友は伊予国へ赴任後、そのまま海賊の首領となったとされていた。しかし、純友は、当初、海賊を討伐するために派遣された武官もしくは役人だったことが最近の研究でわかってきた。

それまで瀬戸内海沿岸の住民は、漁業や塩の生産が生活の糧だった。しかし、平安時代になり、豊かな海の恵みに目をつけた貴族たちが、経済力と政治力をバックに強引に領有してしまったのだ。

たまらないのは、地元の住民である。人々は、次々と生活の糧を失っていった。こうして生活に困窮した住民たちが集団となり組織されたのが海賊だったのだ。

つまり、国家にとって敵だった海賊は、実は住民にとっては味方だったようである。八六七年には、隣人に海賊がいた場合、即刻通報するように、との命令が出されてもいるが、効果は一向に上がらなかった。海賊がムラ社会である程度認知され、応援されていたからだろう。

都の貴族が行政官として地方に派遣され、政治を行うのが奈良・平安時代の律令制の基本である。守《かみ》（長官）、介《すけ》（次官）などの地方行政官(5)は、その土地からの税（米や塩など）を集めて、都へ送るのが一番の仕事だ。

平安時代になると瀬戸内海沿岸では、地方から送られる物品が海賊に襲われる事件が頻発する。たとえば、九三四年には、伊予国の穀物三〇〇〇石が海賊に盗まれた。三〇〇〇石というのは換算すればおよそ五四万リットル。とてつもない量である。

ところが、この海賊たちは、「被害者」である地方行政官や都の貴族と裏でつながっていたという。

行政官は海賊にわざと税を運ぶ船を襲わせる。そして、奪った税の一部を、朝廷の高官に賄賂として渡す。朝廷からは「海賊によって奪われた分を納税したことにする」との決定を引き出し、行政官と海賊で山分けする、という裏取引があった。

純友は、伊予国の海賊取り締まり武官として実力を遺憾なく発揮した。だが、海賊たちの裏に、自分のボスである国司がいることにすぐに気づいた。さらには、海賊平定の褒美まで、上司に横取りされてしまった。純友の怒りが、この矛盾した社会を生んだ朝廷に向かったのも当然だった。純友は、住民を守るどころか苦しめる国の役人から足を洗い、住民たちとともに真の正義の道を歩もうと決心したのだろう。

海賊とよばれた男

九三九年、純友は瀬戸内海沿岸の漁民を仲間に引き入れて反乱を起こした。同じ年、関東で平将門が常陸国府（茨城県）などを襲撃し、「新皇」を名乗った。同時期に起こったために、純友と将門が共闘しているにちがいないと、平安貴族たちは驚愕した。

室町時代にできた『将門純友東西軍記』には、将門と純友が比叡山に登り[6]京の都を見下ろしながら、反乱を起こして将門は天皇に、純友は関白になろうと誓ったとある。平安時代にできた『大鏡』にも、将門と純友は共謀し天皇と関白の地位を狙ったとの伝承が残る。これらが事実かどうかは確かめようがないが、平安貴族がそう思い込んだのも無理はない。

純友やその部下が暴れまわったエリアは、瀬戸内海沿岸から、四国、九州と広範囲にわたった。手柄を横取りされたことがきっかけだったとはいえ、反乱が瞬く間に広がった理由は、中央の圧政に苦しむ地元民にとって、純友が救世主として期待された点にあるのだろう。

民衆の期待を背負った純友が襲撃対象としたのは、鋳銭司《じゅぜんし》[7]と大宰府である。

九四〇年、純友は、周防《すおう》国（山口県）にあった鋳銭司を襲撃した。鋳銭司とは、古代国家の貨幣を鋳造するための施設で、現代でいえば造幣局にあたる。貨幣発行機関を狙ったのは、海外との貿易資金を調達するためだったのだろう。

九四一年には大宰府を襲撃。大宰府は遠《とお》の朝廷《みかど》とよばれ、中国や朝鮮半島など諸外国との外交の窓口となった重要施設である。

この二つを占拠することで、貨幣発行権と外交権を掌握し、「海の民」による独立国家の樹立を考えていたのかもしれない。

近年、大宰府の政庁跡で、大火災があったことを示す焼土層が出土した。焼けたよろいや土器も出土し、近くの観世音寺には、海賊によって太刀などの宝物が奪われたとの記録が残る。まさしく純友が襲撃した痕跡だ。純友は大宰府を一時的に占拠することに成功した。

純友の計画は壮大だったが、大きな誤算があった。将門の早すぎる敗退である。将門と純友が共謀した可能性は低いが、純友が「将門挙兵」のうわさを聞きつけた可能性は高い。将門の動向は純友に直結する問題だった。

東西同時の反乱に平安貴族は動揺するばかり。対応策といえば寺社に祈禱するだけだった。

久枝神社の駒立岩

しかし、九四〇年、将門が関東のライバルたちに殺されると、勢いづいた朝廷は分散していた兵を東から西に集中させ、大宰府にいた純友へ襲いかかった。

多勢に無勢で、純友は決戦に敗れた。伊予の地に逃げ帰ったところで、捕らえられて首を斬られた。伊予のどこで捕まったのかは定かでない。

日振島をあとにして、数少ない伝承地の一つ、久枝《ひさえだ》神社（愛媛県松山市）の境内にある駒立岩《こまだていわ》を訪れた。駒立岩は純友の墓石ともいわれている。くしくも取材した日が命日（六月二〇日）の前日だった。純友は果たして日振島にたどり着くことができたのだろうか。

純友は、将門のように神様とはならなかった。しかし、もし内乱が成功していれば、日振島を首都に、瀬戸内海から九州一帯に勢力をもつ王となった可能性はある。目指したのは、搾取や裏取引のない国だったのか。

一介の役人では終わらない。海賊から国王へのサクセス・ストーリーを夢見て、純友は正義とロマンを追い続けたのだ。

歴史の舞台を訪ねて

●日振島

愛媛県南西部、宇和海にある宇和島市に属す島。面積3・3平方キロメートル。純友が築いた砦跡といわれる「城が森」には記念碑がある。宇和島から1日に3回往復する高速フェリーでおよそ1時間。北から、能登、明海（あこ）、喜路（きろ）に漁港がある。愛媛県の宇和海から高知県の足摺岬にわたる足摺宇和海国立公園の一部でもある。

●久枝神社境内の駒立岩

〔松山市古三津町1257　問い合わせ：三津嚴島（みついつくしま）神社　☎089（951）1471〕

（注）

（1）［?～940年］下総（千葉県北部と茨城県南部）に本拠地をおき、関東一帯で勢力をのばすが940年に敗死。新皇を称してからわずか2カ月だった。

（2）［?～941年］瀬戸内海で反乱を起こすが、941年、小野好古（おののよしふる）ら率いる官軍に敗れた。反乱中、朝廷の懐柔策から、いわゆる平安貴族として認められる位階・従五位下を授かっている。なお、平将門の乱と藤原純友の乱を総称して、時の元号から天慶（てんぎょう）の乱とよぶ。

（3）六国史（りっこくし）の最後の正史。901年成立。858～887年までの30年間を編年体で叙述。

（4）［880～949年］平安時代中期の公卿。摂政、のちに太政大臣・関白となる。日記『貞信公記』がある。

（5）律令制下、中央から派遣された地方行政官を国司という。守・介以下、掾（じょう）・目（さかん）の四等官から成り、国衙（こくが）という役所で政務にあたった。純友は936年、伊予の掾に任じられている。

（6）現在も比叡山の西に位置する四明ヶ岳（しめいがたけ）の頂上には、この伝承に基づく「将門岩」がある。

（7）800年代のはじめにでき、12種類の銭貨（皇朝十二銭）のうち8種類が鋳造された。ほかに河内（大阪府）・長門（山口県）・山城（京都府）などにもあった。

【参考文献】
下向井龍彦『日本の歴史07　武士の成長と院政』（講談社学術文庫）
松原弘宣『藤原純友』（吉川弘文館）

一六

後白河上皇と平清盛

――両雄の蜜月と対立

後白河上皇の勅願により、
平清盛が建立した天台宗の寺院・三十三間堂《さんじゅうさんげんどう》。
清盛はこの後、貴族として最高の位・太政大臣にまで上り詰めたが、
やがて二人の蜜月は終わりを迎える。
親密な関係のもと権勢を掌中におさめ、
やがて対立していった両雄の共通点とその胸中とは――。

二大巨頭の蜜月が生んだ名刹

中央に鎮座する千手観音の巨像「中尊《ちゅうそん》」の左右に、像高約一・六メートルの千手観音像が五〇〇体ずつ、計一〇〇一体が並ぶ京都の三十三間堂。奥行き約二二メートル、幅約一二〇メートルと横に細長いお堂は、一月の通し矢で知られている。

薄暗い堂内に入る。闇に溶け込む涼しげな黄金をまとう無数の観音像たちが無言の視線を投げかける。

東日本大震災の犠牲者の冥福と被災地の復興を願い、一本のろうそくを奉納し、床にひざをつき手を合わせた。にぎやかな観光客の流れは途切れなくとも、千手観音の表情はつねに静寂だ。

三十三間堂は、正式には「蓮華《れんげ》王院《おういん》本堂」とよばれる建物だ。平安末期の一一六四年、後白河上皇（1）の御所「法住寺殿《ほうじゅうじどの》」（2）の一角に、平清盛（3）が上皇のために造営した。大邸宅の中に造られた巨大な私設寺院といえる。壇ノ浦で平家が滅亡する約二〇年前のことだ。

法住寺殿の広さを実感するには、歩いてみるのが一番だ。新幹線の高架より南、新熊野《いまくまの》神社あたりから、およそ一キロ北上した豊国神社周辺まで広がっていたと考えられている。

三十三間堂を造った後白河と清盛。後白河は三十年余り院政を敷いた天皇家の実力者であり、清盛は武士の棟梁だ。武士の世へと移り変わる乱世を生きた二人には、天皇の「息子」という共通点があった。

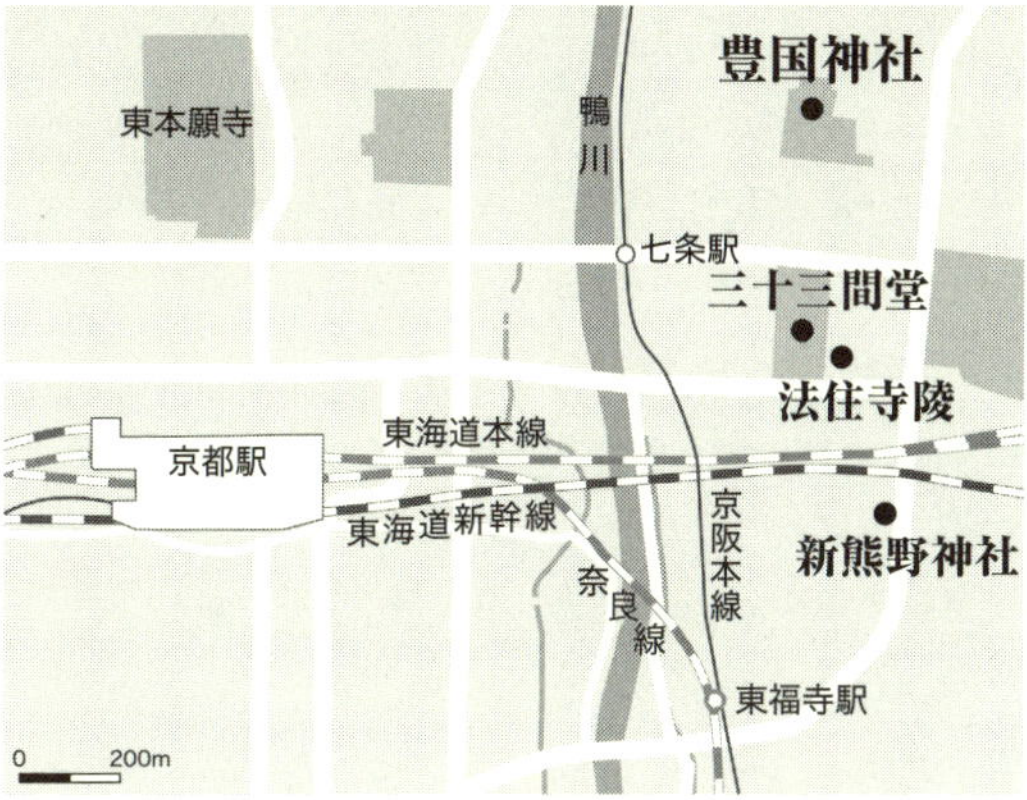

しかし、後白河と清盛の性格は対照的だった。後白河が思い付きで動く感情的な人間だったのに対し、清盛は非常に温厚でほとんど怒ることがなかった。そんな清盛を激怒させたのが後白河であるが、それは後のこと。
二人に通じていたのは、他人の身分にあまりこだわりを持たなかったことだ。
後白河は、今様《いまよう》(4)とよばれる歌謡曲にはまり、天皇が会ってはならない民衆や外国人ともふれあい、貴族のひんしゅくをかった。清盛は召し使いが寝坊をしていても、起こさないようにそっと床から起きる優しさをもっていた。

今様というのは、ちまたで流行っているが、身分の高い人々にとっては「けしからん」たぐいの音楽。読者の年齢や好みなどによって異なるだろうが、現代ならば、フォークソング、ロック、メタル、ラップなどにあたるだろうか。ちなみに、筆者がもつ後白河のイメージは、後継ぎレースから外されて、ロックンロールにはまった伝統芸の家元の四男坊である。

後白河が初めて熊野詣をした時のことだ。その際、道々にある熊野系の神社ごとに今様を歌わなくてはと思い込んだらしい。今風にいえば、神社をまわるたびに手を合わせるのではなく、歌謡曲やロックを歌うようなものだ。この旅行に付き添ったのが清盛だった。

このアイデアを「どう思う」と聞かれた清盛は、「とやかく論ずるまでもありません」と後押しをした。後白河と、その新奇さを認める清盛との関係は深くなっていく。

この頃清盛は、福原（兵庫県神戸市）を拠点に中国・宋との貿易を推し進めていた。むろん、貿易から得られる利益も重要だったが、中国からやってくる珍しい文物や人物を後白河に謁見させ、喜ばせていたのだ。新しいものに目がなかった後白河は狂喜乱舞したことだろう。二人の蜜月は続いた。

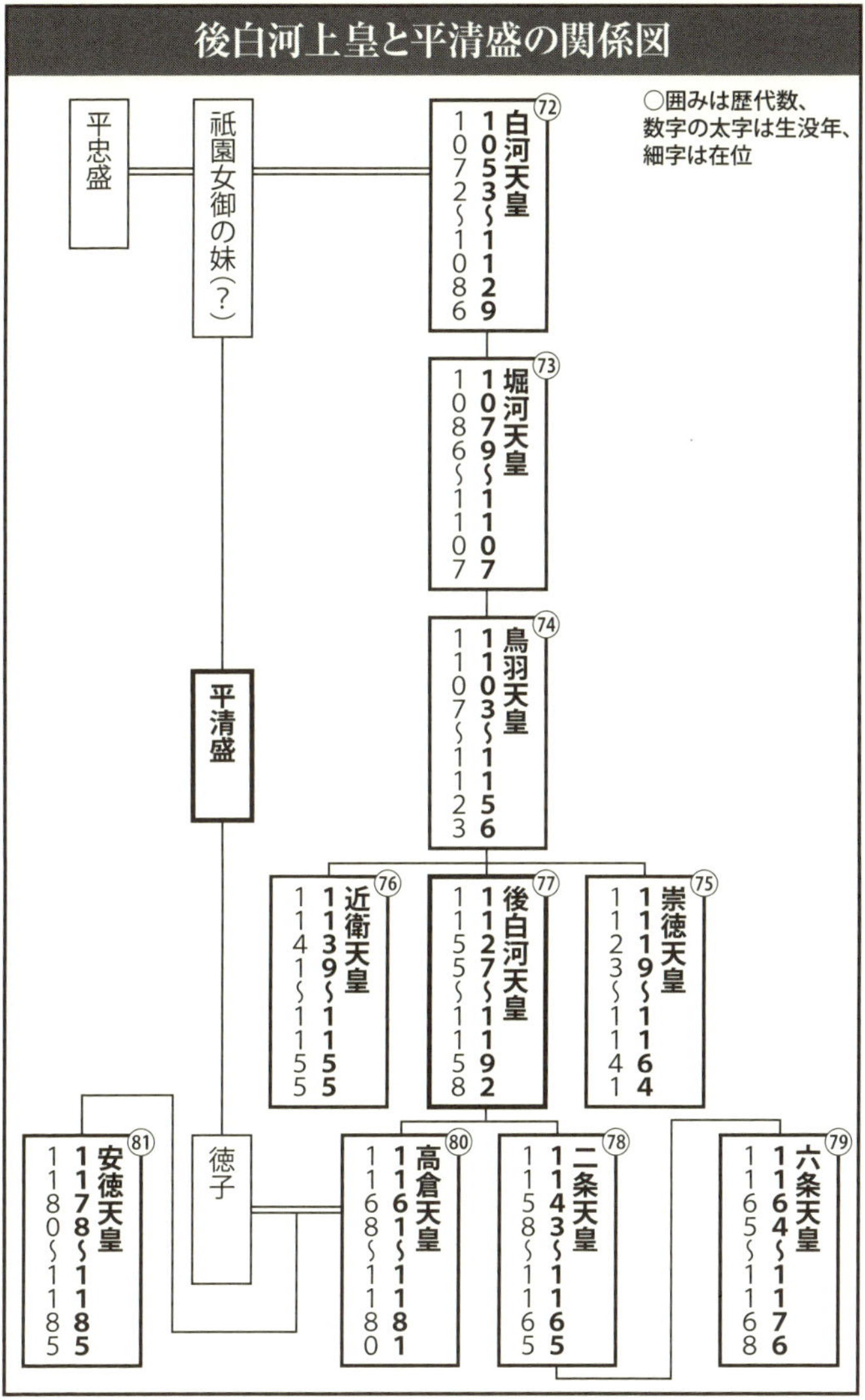
後白河上皇と平清盛の関係図
○囲みは歴代数、
数字の太字は生没年、
細字は在位
平忠盛
祇園女御の妹(?)
72 白河天皇 1053~1129 1072~1086
73 堀河天皇 1079~1107 1086~1107
74 鳥羽天皇 1103~1156 1107~1123
平清盛
76 近衛天皇 1139~1155 1141~1155
77 後白河天皇 1127~1192 1155~1158
75 崇徳天皇 1119~1164 1123~1141
81 安徳天皇 1178~1185 1180~1185
徳子
80 高倉天皇 1161~1181 1168~1180
78 二条天皇 1143~1165 1158~1165
79 六条天皇 1164~1176 1165~1168

中継ぎの天皇から治天の君へ

後白河は本来、中継ぎの天皇だった。そもそもは中継ぎですらなく、遊びに狂い人間性に問題ありとして、仏門に入れられるところだった。だが、兄の崇徳《すとく》天皇[5]が病弱だったこともあり、「保険」として俗世にかろうじて留まっていた。

院政[6]時代、天皇になる資格は、年少であることだった。院政を敷く父や祖父が実権を握るために、天皇は自分で判断できない「子ども」でないといけないからだ。実際、天皇が成人になると退位させられ、幼少の皇子を次の天皇に祭り上げることを繰り返していた。だから、すでに「適齢期」をこえた後白河には、即位する見込みはほとんどなかった。

天皇になる道をたたれた後白河は、先に述べたように今様という歌謡曲にどっぷりはまっていた。本人の気質もあっただろうが、出世ルートから外れた皇族ゆえに、身分の低い芸人たちが比較的自由に出入りできた環境も大きかったようだ。

ところが、後白河は突然、二八歳で即位してしまう。背景には、父と子のドロドロの人間関係があった。

後白河天皇が眠る法住寺陵（ほうじゅうじのみささぎ）。写真：中田 昭

時の最高実力者は、後白河の父の鳥羽院[7]（上皇）だった。天皇家の「治天の君[8]」として院政を敷き、思うがままに幼い天皇を即位させたり、譲位させたりしていた。

鳥羽院の三人の息子が「院政」の手駒となった。崇徳天皇、近衛《このえ》天皇[9]、そして後白河である。二代前の治天の君だった白河院[10]（上皇）が祭り上げた崇徳を強引に譲位させて、近衛を即位させた。

ゆくゆくは近衛の血統を本流とする意向だったが、近衛は一一五五年、一七歳の若さで死んでしまった。次の天皇の本命は、後白河の息子である二条天皇[11]（守仁親王）だった。

だが、「父を差しおいて息子が天皇になる例はない」という意見から、二条天皇の即位のメドがたつまでとの条件付きで、後白河が即位した。だれもが認める完全な中継ぎだったのだ。世が平穏に終わっていれば、すぐに譲位させられ、実権のない上皇としてそのまま生涯を終えただろう。

ところが、なんと翌一一五六年、院政を敷いていた鳥羽院が死んでしまった。こうして、手駒だった「元天皇」は自立し、主導権争いをはじめた。有名な保元《ほうげん》の乱である。

父に退位させられたことを恨んでいた崇徳は、逆襲し院政を敷こうとした。鳥羽院に仕えた既得権益をもつ人たちは後白河を旗頭に集結し、両者はぶつかり合ったのだ。

戦争に勝った後白河は中継ぎから一気に治天の君に近づいた。ちなみに負けた崇徳は、流刑の地で悶死し、怨霊となって人々を恐怖のどん底に陥れることになる。

平安末期においては、天皇になっただけでは最高権力を握ったことを意味しない。治天の君とよばれるようになり、院政を敷かないと実権がないのだ。

後白河は第一段階として一一五八年に息子の二条天皇へ譲位した。

帝王学を受けた皇族たちに比べて、後白河は身分の低いものたちとじかに接触することで、都の外は、戦乱と自由の世であることを知っていた。平時においては愚昧な君主とみなされた後白河だが、乱世において、その激情と行動力は瞬く間に、皇族や貴族たちをたくみに蹴散らし、院政を敷くことに成功したのだった。

一方の平清盛は、実は天皇の息子だったとされている。白河院がはらませた女性（白河上皇の晩年、寵愛を受けた祇園女御《ぎおんのにょうご》の妹とする説が有力）が平家の棟梁である平忠盛[12]に「払い下げ」られた可能性が高いのだ。偉大なる白河院と血がつながっているとして、武士としては異例の昇進を果たしたが、もちろん天皇になれる可能性はゼロだった。

熊野詣の四年後に建てられた三十三間堂は、まさに当時の常識を越えるスケールと発想の建物だった。二巨頭の協調関係は、巨大な建造物で内外に示されたのだ。

平安時代は、非常に仏教上の「数字[13]」にこだわった時代だった。千体の仏像を並べることは、その究極の形といえよう。

天皇家でこれをはじめて造ったのは、後白河の父、鳥羽院と清盛の父、平忠盛のコンビである。一一三二年に三十三間堂と同規模の「得長寿院」が造られた。ところがこの建物はのちに地震で倒壊。極端に横長な建物のために構造が不安定だったようだ。このときの教訓をもとに次世代の後白河と清盛の二人が、三十三間堂を築き上げたのだ。

歴史をふりかえると、一代で偉業を達成することはほとんどない。戦国時代を舞台にした小説『国盗り物語』（司馬遼太郎）で有名な「マムシ」こと斎藤道三は、油売りから一代で身を起こした設定になっているが、実際は父の代から父子二代での「国盗り」だったことが歴史的にわかっている。

こうして後白河は、治天の君の地位を固め、一方の清盛は武士の頂点だけでなく貴族のトップ太政大臣まで上り詰めた。

破局の到来

だが、ハッピーエンドではなかった。ありえない栄達を成し遂げた二人を待ち受けていたのは、対立だった。

一一七七年、後白河の近臣が平家打倒の密議をした「鹿ヶ谷《ししがたに》の謀議」(14)が露見。これに対して清盛は、後白河を鳥羽殿（現鳥羽離宮公園）へ幽閉し、院政を停止してしまう。この出来事をきっかけに、二巨頭は完全に反目。後白河を幽閉した清盛の「非道さ」が、源氏挙兵の格好の口実となり、全国の源氏が蜂起することに大義名分を与えてしまったのだ。

その後の歴史は、ご存じの通り。平家は壇ノ浦で滅び、後白河は源頼朝と対立を繰り返しながらも、最後は、政治の実権を武士へと譲り渡し、一つの時代の幕を自らおろした。

武士の世は、後白河にとって「今様」だったのか、それとも耐え難い新時代だったのか。

三十三間堂の黄金の仏には、必ず会いたい人と似た顔があるという。喧騒の中で耳をそばだてれば、平安の今様をうたう声が聞こえてくるかもしれない。

歴史の舞台を訪ねて

●**蓮華王院三十三間堂**〔京都市東山区三十三間堂廻り町657　☎075（561）0467〕

天台宗の寺、妙法院所管の仏堂で国宝。現存する建物は1249年に焼失した後、1266年に再建されたもの。千体の千手観音立像のうち124体は創建時のもので、そのほかは鎌倉時代、16年かけて再興された。

●**法住寺陵**〔京都市東山区三十三間堂廻り町〕

後白河天皇陵。現在は宮内庁が管理している。陵墓参拝問い合わせ：宮内庁書陵部月輪陵墓監区事務所☎075（541）2331

（注）

（1）［1127～1192年、在位1155～1158年、院政1158～1179年、1181～1192年］。鳥羽天皇の第4皇子。二条天皇に譲位後、5代30年以上にわたって院政を行い、王朝権力の復興・強化に専念。源平の争いを中心とする政争・戦乱の陰の演出者とされる。社寺参詣や造寺を盛んにした。今様を分類、集成した当時の歌謡集『梁塵秘抄（りょうじんひしょう）』を撰。

（2）988年に創建された法住寺の焼失後、その跡地に1161年から後白河上皇が営んだ広大な寺域の院御所。1183年、木曾義仲の襲撃を受け炎上するが源頼朝が修築した。上皇没後はその御陵をまもる寺として続き、明治期に御陵と寺は分離された。

（3）［1118～81年］武将。源氏勢力を抑えて、1167年、最高の官職である太政大臣に任ぜられた。対宋（中国）貿易を振興し、六波羅政権（平氏政権）を樹立。娘徳子を高倉天皇に嫁がせ、その子安徳天皇の即位（1180年）により皇室の外戚として権勢を強めたものの、反平氏勢力との内乱のなか熱病で没した。

（4）平安中期から鎌倉時代にかけて流行した、多くは七・五調4句からなる新様式の歌謡。

（5）［1119～1164年、在位1123～1141年］。鳥羽天皇の第1皇子。父の死後、後白河天皇と争うが敗れて讃岐に配流された（1156年・保元の乱）。父からは疎まれたという。鎌倉初期の説話集『古事談』は実の父を白河天皇（鳥羽天皇の祖父）とする逸話を記すが真偽は不明。

（6）上皇（譲位後の天皇）または法皇（出家した上皇）が院の庁（役所）で国政を執行した政治形態。白河上皇の1086年から始まる。

（7）［1103～1156年、在位1107～1123年］。堀河天皇（白河天皇の第2皇子）の第1

皇子。白河上皇（祖父）により堀河天皇（父）没後に即位、1123年、崇徳天皇に譲位させられた。上皇没後は、崇徳・近衛・後白河天皇の3代28年にわたり院政を行う。1141年には後継を近衛天皇に決めて、第1皇子の崇徳天皇を譲位させた。近衛天皇が没すると後白河天皇をたて、崇徳を排した。

(8) 古代末期から中世において、天皇家の家督者として政権の実質的指導者となった。院政下では上皇であり、親政下では天皇本人。

(9) [1139〜1155年、在位1141〜1155年]。鳥羽天皇の第9皇子。皇子女のないまま若くして死去。

(10) [1053〜1129年、在位1072〜1086年]。譲位後、堀河・鳥羽・崇徳天皇の3代43年にわたり院政を行った。

(11) [1143〜1165年、在位1158〜1165年]。後白河天皇の第1皇子。即位後は親政を行おうとして父と対立した。

(12) [1096〜1153年] 白河・鳥羽両上皇の信任を得て活躍。日宋貿易に関与して財力を築き、宮廷での平氏の地歩を固めた。

(13) 千手観音は、千の手、千の眼をもち、世界中を救済するとされている。千は「無限」に近い意味合いだが、実際に仏像に千本の手（手のひらに眼）をそなえるのは難しいため、40本の手（合掌する2本は除く）で、1本につき25の世界を救うとされた。33は、観音菩薩が33の姿に変化して、あらゆるものを救うとされたことによる。

(14) 1177年、後白河上皇の近臣が、京都鹿ヶ谷の山荘に集まって開いた平家打倒の秘密会議。密告により発覚し、参加者は死罪、島流しとなった。清盛が上皇を鳥羽殿に幽閉したのはその2年後の1179年。

【参考文献】
野口実・山田邦和「六波羅の軍事的評価と法住寺殿を含めた空間復元」（京都女子大学宗教・文化研究所『研究紀要』第17号）
高橋昌明『平清盛　福原の夢』（講談社選書メチエ）
遠藤基郎『後白河上皇』（山川出版社）
上杉和彦『平清盛』（山川出版社）

おわりに

お読みいただきありがとうございました。

本書を読みながら、読者のみなさんにあたかも旅をしている気分になってもらう――。それが筆者の願いです。もっと大きな願いは本書を持って旅に出かけたくなることです。みなさんの心の中に、「古代の英雄たちに会いたい」そんな思いが芽生えたとしたら望外の喜びです。

みなさんは「脳内再生」という言葉をご存じでしょうか。いろいろな解釈がされていますが、たとえばある場所を話題にしたときに、その風景が思い浮かぶというような意味で使われたりします。本書でいえば、あたかもタイムマシーンに乗って古代に旅するかのように、古代史の世界を思い描くのです。もちろん古代にとどまりません。神社では神話の神々が歌い踊り、城跡では戦国武将たちの汗が飛び散る姿が想像できるかもしれません。遺跡などで一人ぼうっとたたずみ、笑みを浮かべながら中空を眺めている人がいたら、それは映画を見るように歴史世界を再生中の歴史ファンかもしれません。筆者もそんな時間を楽しむ一人です。

旅って楽しい。学ぶって楽しい。歴史って楽しい。

本書がみなさんの知的好奇心を刺激して、古代のこと、歴史のこと、そして日本のことがもっともっと好きになってくれる一助になりますように。

全国各地にある、地域で一番の神社「一の宮」についての本でデビューして以来、今回が五冊目となります。読者のみなさん、ウェッジの根岸あかねさん、そして筆者それぞれの家族に感謝いたします。また、お会いできる日を楽しみにしています。

2014年8月　恵美嘉樹

皇室系譜

本書内容に関連する歴代天皇を中心とした系譜。
丸囲みの数字は天皇歴代数。

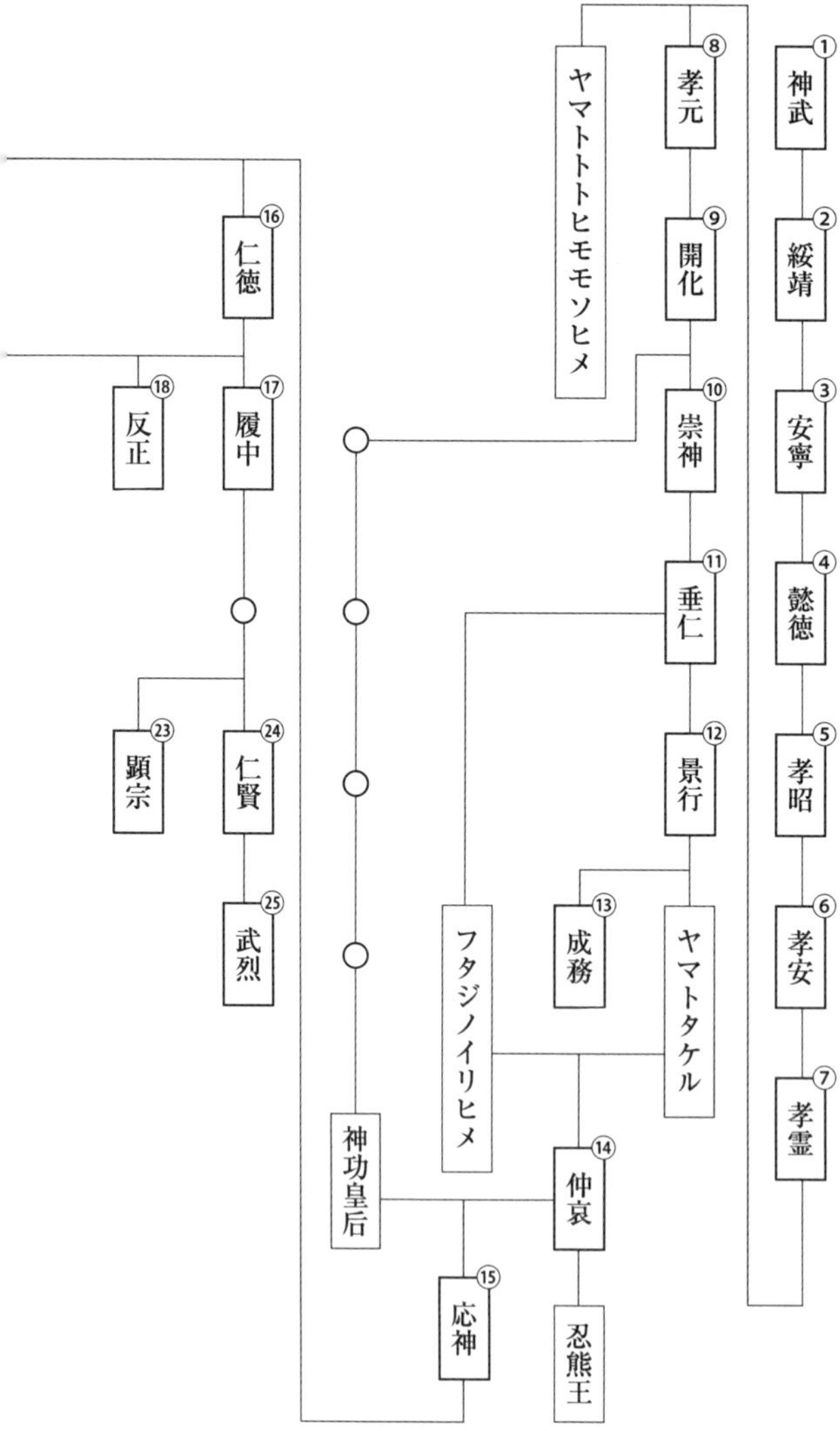

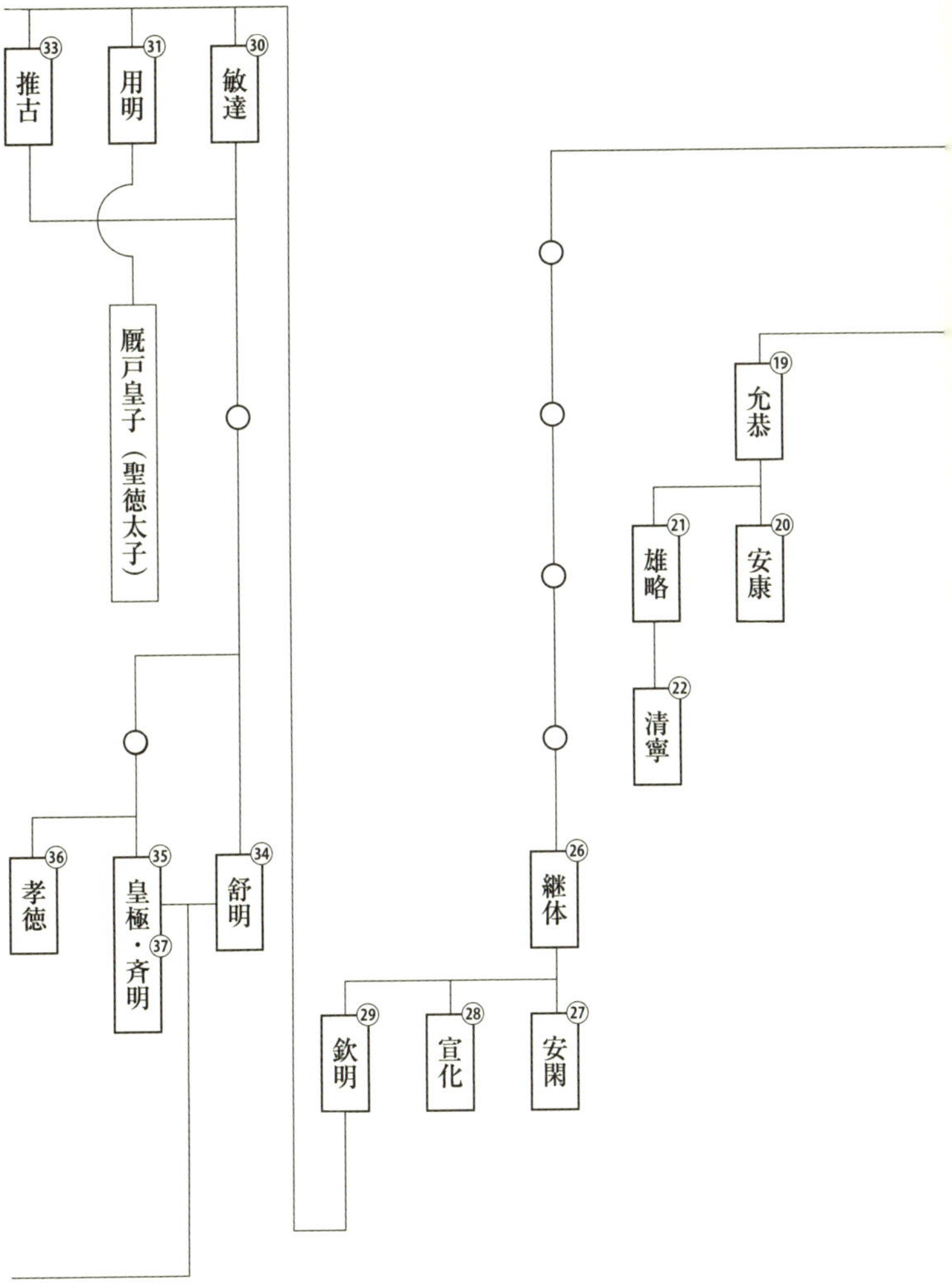

⑲允恭
⑳安康
㉑雄略
㉒清寧
㉖継体
㉗安閑
㉘宣化
㉙欽明
㉚敏達
㉛用明
㉝推古
厩戸皇子（聖徳太子）
㉞舒明
㉟皇極・㊲斉明
㊱孝徳

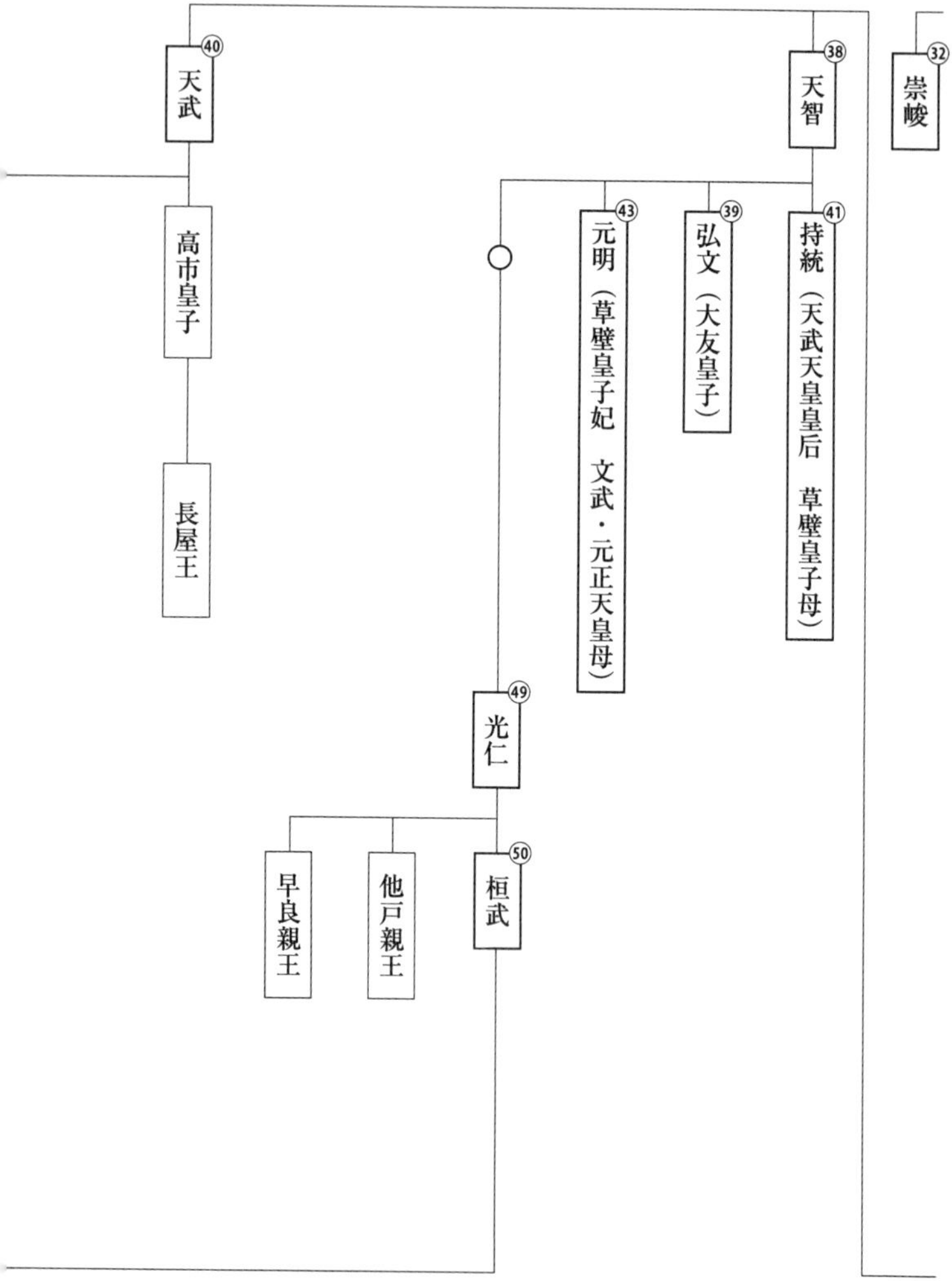
32 崇峻
38 天智
40 天武
41 持統（天武天皇皇后　草壁皇子母）
39 弘文（大友皇子）
43 元明（草壁皇子妃　文武・元正天皇母）
高市皇子
長屋王
49 光仁
50 桓武
他戸親王
早良親王

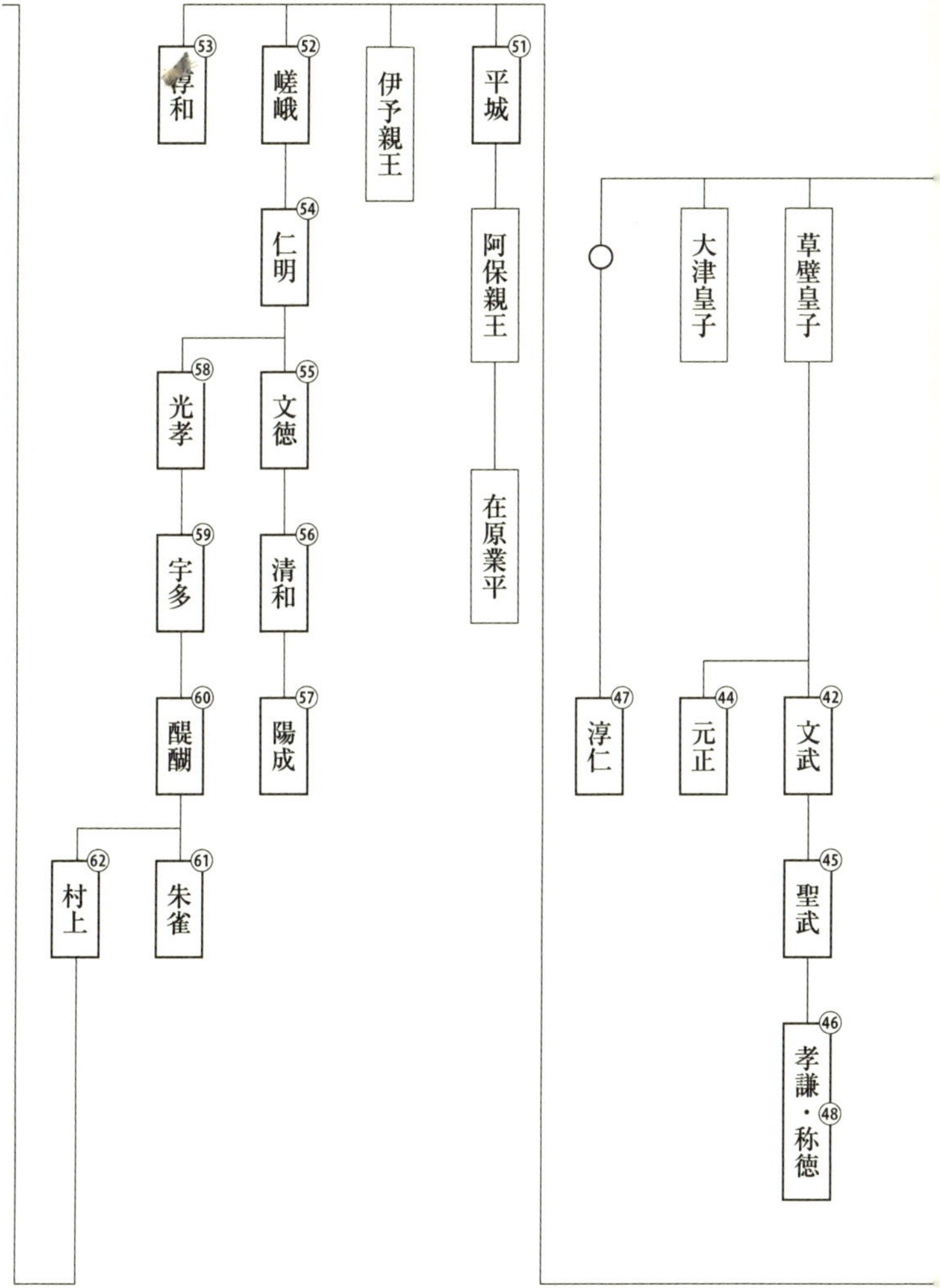
草壁皇子
大津皇子
42 文武
44 元正
45 聖武
46 孝謙・48 称徳
47 淳仁
51 平城
阿保親王
在原業平
伊予親王
52 嵯峨
54 仁明
55 文徳
56 清和
57 陽成
58 光孝
59 宇多
60 醍醐
61 朱雀
62 村上
53 淳和

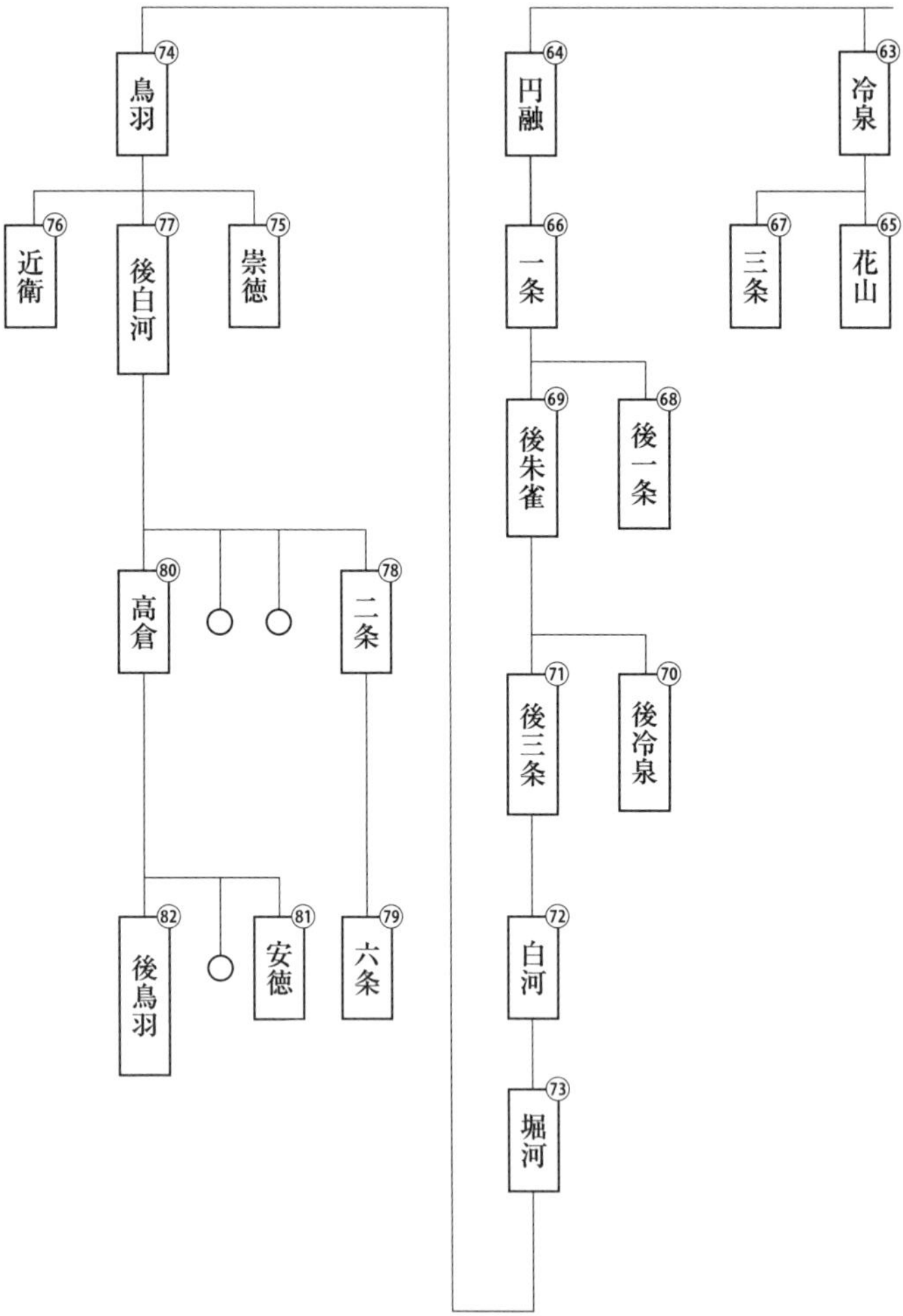

63 冷泉
64 円融
65 花山
66 一条
67 三条
68 後一条
69 後朱雀
70 後冷泉
71 後三条
72 白河
73 堀河
74 鳥羽
75 崇徳
76 近衛
77 後白河
78 二条
79 六条
80 高倉
81 安徳
82 後鳥羽

【初出一覧】

一　女王卑弥呼の真実……「ひととき」二〇〇九年一一月号
二　邪馬台国はヤマトか……書き下ろし
三　神功皇后――ヤマトを救った琵琶湖の女神……「ひととき」二〇一三年　四月号
四　雄略天皇と親衛隊長――倭国独立の夢に奔走す……「ひととき」二〇一一年　六月号
五　名湯を訪れた聖徳太子……「ひととき」二〇一〇年　一月号
六　大船団、北上す――阿倍比羅夫の遠征……「ひととき」二〇一二年一二月号
七　熱き女帝、斉明天皇……「ひととき」二〇一一年　五月号
八　奈良時代を建てた男――カリスマ僧行基の真実……「ひととき」二〇一三年一〇月号
「大野寺土塔―カリスマ僧行基の真実」を改題
九　皇后の見えない糸――長屋王の変……「ひととき」二〇一一年一一月号
一〇　仲麻呂は逆賊か――検証、恵美押勝の乱……「ひととき」二〇一三年　八月号
一一　「道鏡事件」の舞台裏……「ひととき」二〇一〇年　九月号
一二　政治家・大伴家持の暗躍……「ひととき」二〇一〇年　四月号
一三　若き日の空海――新説密教伝来譚……「ひととき」二〇一二年　七月号
一四　平安の悪女に花束を――藤原薬子の素顔……「ひととき」二〇一二年　五月号
一五　海賊は国王を夢見たのか――藤原純友の乱……「ひととき」二〇一一年　九月号
一六　後白河上皇と平清盛――両雄の蜜月と対立……「ひととき」二〇一一年　八月号

恵美嘉樹（えみ・よしき）

作家。歴史研究の最前線の成果と情報を、旅を通じて社会に還元する2人組。著書に『全国「一の宮」徹底ガイド』（PHP文庫）、『図説　最新日本古代史』（学習研究社）、『日本の神様と神社』（講談社＋α文庫）、『最新日本古代史の謎　歴史の英雄豪傑たちに迫る』（学研パブリッシング）がある。

日本古代史紀行

アキツシマの夢　英傑たちの系譜

二〇一四年九月一〇日　第一刷発行

著　者　恵美嘉樹

発行者　布施知章

発行所　株式会社ウエッジ

〒一〇一-〇〇五二　東京都千代田区神田小川町一-三-一
NBF小川町ビルディング三階
電　話：〇三-五二八〇-〇五二八
FAX：〇三-五二一七-二六六一
http://www.wedge.co.jp/　振替：00160-2-410636

DTP組版　株式会社リリーフ・システムズ

印刷・製本所　大日本印刷株式会社

本書は月刊誌『ひととき』に連載された「古代史紀行　アキツシマの夢」の掲載記事をもとに加筆・修正を加え、一部書き下ろしたものです。

本書内挿画はイメージです。

定価はカバーに表示してあります。乱丁本・落丁本は小社にてお取り替えします。

ISBN　978-4-86310-129-6　C0021